DEEP
LEARNING

幼儿深度学习——面向未来的学前教育丛书

叶平枝　主编

# 自主游戏中
# 幼儿的深度学习

黄菲　王秋　著

教育科学出版社

·北　京·

# 丛书序一

当今世界正处于转折时期，社会对儿童和教育系统的要求正在发生改变。过去，教育的目标是教给儿童知识。而现在，教育的目标是确保儿童形成扎实的能力，使他们能够在日益变化的世界中找到自己的方向，应对以前所未有的速度快速变化的经济和社会，胜任还未出现的职业，使用还没有被发明的技术，解决我们还不知道将要发生的社会问题。因而，在全球教育都在走向新方向的今天，我们必须面对个人素质的重构。这种应对未来的重构意识，使得我们不得不关注儿童该如何学习的问题。

从学前教育改革和发展的进程来看，学界越来越重视儿童的学习，幼儿园教育由关注单一知识向关注生活与经验转变，由关注物质向关注互动转变，由关注学什么向关注怎么学转变。这些转变让人感到欣喜，因为这意味着我们关注到了儿童，关注到了儿童特殊的心理发展特点和需要，关注到了儿童学习发生和发展的过程，同时也使得我们更加基于儿童发展需求去考虑教师支持和鹰架的有意义策略。这也正是近年来深度学习越来越受到广大学者重视的重要原因之一。这种重视实则是出于对儿童这一精神个体学习过程的关注，是对其所获得的成长的关切。

叶平枝教授带领的研究团队，既有来自广州大学、河南大学、北京师范大学、华南师范大学和广东第二师范学院等院校的理论工作者，也有来自学前教育一线的知名教研员、园长和骨干教师。他们长期聚焦于幼儿的深度学习研究，在园所展开了大量有益实践，并获取了相当多鲜活的案例。团队编撰的有关幼儿深度学习的系列丛书，相信会助推和深化幼儿深度学习的研究，让一线教育工作者有所借鉴。

幼儿的深度学习是幼儿作为一个精神生命在自我探寻的过程中，由内而外地组建他所能够获得的外界给他准备好的信息，在自己的主动推动与教师或所处的环境和规则的引导下，获得有意义成长的一种学习策略。希望更多的幼儿园教师具有深度学习能力，更多的幼儿能够打好深度学习的基础，为未来做准备，获得受益终身的学习力。

侯莉敏

广西师范大学

# 丛书序二

19 世纪中叶，斯宾塞发出"什么知识最有价值"的课程之问，指出教育的目的是为"完满的生活"做准备，"完满的生活"就是"幸福的生活"，而幸福生活的获得有赖于最有价值的知识——科学。将近 200 年过去了，科学以惊人的速度发展着。如果说教育的目的是为"完满的生活""幸福的生活"做准备，那么我们该怎样为未来做好准备，怎样为幼儿的未来做好准备？可以说，当今时代对于教育的挑战是空前的。

在思考如何应对未来世界挑战的过程中，教育研究有两个重要进展：一是对未来准备目标和内容的研究，即"核心素养"的研究与实践；二是对教育方式的研究，即"深度学习"的研究与实践。1997 年，经济合作与发展组织提出了核心素养的结构模型，不仅掀起核心素养改革浪潮，还使核心素养成为教育改革的焦点。《中国学生发展核心素养》将中国学生发展的核心素养分为三个维度，综合表现为六大素养。"核心素养是学生在接受相应学段的教育过程中，逐步形成的适应个人终身发展和社会发展需要的必备品格和关键能力。"① 让学习者获得核心素养，必须将知识的学习转化为智慧和能力的学习，深度学习就成为必然选择。所谓深度学习就是学习

① 林崇德. 中国学生核心素养研究 [J]. 心理与行为研究，2017（2）：145.

者以解决问题和发展高阶认知为目的，积极主动地运用综合知识和经验解决问题、建构认知的过程。"深度学习"概念虽然是国外学者于1976年提出的，但"授人以鱼不如授人以渔"的"渔"追求，中国古已有之，有意义的学习、有效的学习，均与深度学习的追求暗合。

在学生核心素养和深度学习研究如火如荼之时，学前教育也在进行着静悄悄的革命。《3—6岁儿童学习与发展指南》虽然没有提"核心素养"，但其对幼儿"应知应会"的选择、对幼儿关键知识和关键经验的确定都是核心素养的研究旨归。冯晓霞教授较早提出了"幼儿区域活动中的深度学习"，推动了我国幼儿深度学习的研究。深度学习与核心素养（或者说"关键经验"）是相辅相成的。核心素养是为完满生活和幸福生活做准备，而要获得核心素养，必须让幼儿深度学习，获得真正的学习力，将知识转化为素养或能力。学习不仅仅是知识的学习，更是围绕着知识进行探索，获得学习力和创新力等未来社会与个人终身发展必需的关键能力、个性品质及道德品质。我们的研究以已有研究为基础，努力体现以下三个特点。

前瞻性。面对新时代和未来世界的复杂性和多变性，我们认为学前教育与中小学教育一样，都应该进行朝向深度学习的教育改革，使幼儿在游戏和探究活动中发展好奇心和探究能力，主动、积极地解决问题，发展计划性、反思能力和问题解决能力。深度学习既是对社会环境变革的回应，也是学习本质的回归。我们的研究从幼儿深度学习课程设计和教育支持、游戏中的深度学习、区域活动中的深度学习、教学中的深度学习、一日生活中的深度学习与幼儿深度学习评价等方面，对幼儿深度学习进行理论和实践的探索。

统整性。我们倡导深度学习是回归学习本质的学习，力图从幼儿深度学习角度统整课程、游戏和教学的理论与实践：①确定幼儿应知应会的关键经验和核心素养；②整合我国综合主题课程改革和国外著名课程模式研究的经验，确定实施模式；③根据深度学习理论和学习机制的多学科研究成果，确定教育支持的方法与策略；④探索幼儿深度学习的评价模式和方法。我们的研究努力做到本土课程与国外先进课程的统整、教师主体与幼儿主体的统整、预设与生成的统整、游戏与课程的统整。

操作性。我们的研究既不是理论上的设想和推演，也不是单纯的实践探索，而是理论和实践的真正结合。我们对深度学习的理论研究历时多年，也进行了持久的实践探索，正式实验也有近两年时间。经过理论与实践的持续对话，我们较好地解决了课程教学碎片化、知识与经验对立、预成与生成割裂等问题，力图使理论变得更有解释力和迁移力，使方法与策略更具操作性。本丛书的许多案例来自实验园的实践成果，说明这样的改革不仅是必要的，也是可行的。

我们深深知道，没有研究者和实践者的卓越探索与实践智慧，就不可能有本套丛书。我们借鉴了前人的大量智慧，在此表示深深的谢意，也希望通过一系列抛砖引玉的研究，启发更多理论和实践工作者加入对深度学习的探索。我们也将以开放的态度欢迎大家批评指正，共同为幼儿未来幸福和完满生活打下坚实的基础。

广州大学

# 目　录

# 第一章

## 自主游戏中幼儿深度学习概述

2020 年，世界经济论坛发布报告《未来学校：为第四次工业革命定义新的教育模式》，提出了教育 4.0 的全球框架、特征和方法。其中，实现"高质量的学习"被认定为教育创新的第一步。报告定义了"高质量的学习"，并提出了学习内容和经验的 8 个关键特征，即世界公民技能（global citizenship skills）、创新创造技能（innovation and creativity skills）、技术技能（technology skills）、人际关系技能（interpersonal skills）、可及性与全纳学习（accessible and inclusive learning）、基于问题和协作的学习（problem-based and collaborative learning）、个性化和自定进度的学习（personalized and self-paced learning）、终身和自驱的学习（lifelong and student-driven learning）。这在一定程度上表明，在未来教育中我们需要关注儿童的高质量学习，从儿童的角度出发，尊重儿童的个性与自主学习的内外驱动力。①

游戏具有重要的发展价值与教育价值。一方面，游戏是幼儿的基本活动，这是从发展心理学的角度考虑游戏与幼儿生活、发展的关系，是对游戏发展价值的肯定；另一方面，幼儿园应当以游戏为基本活动，这是从游戏与幼儿园的关系出发，考虑游戏在幼儿教育过程中应占有的地位，体现了对游戏教育价值的肯定。《幼儿园教育指导纲要（试行）》明确指出幼儿园要以游戏为基本活动。游戏是幼儿与周围环境相互作用的一种基本形式，是幼儿自觉自愿的主体性行为，更是幼儿学习和发展的重要途径。

结合教育 4.0 全球框架提出的学习内容和经验的 8 个关键特征，我们也开始思考如何促进高质量的学前教育。两个重要的概念为我们提出了新的思路：自主游戏和深度学习。自主游戏强调幼儿的自主性，尊重并支持幼儿自主把握游戏内容和进程，按自己的兴趣和意愿选择玩什么、在哪儿玩、如何玩，在这个过程中通过感知、操作、体验，

---

① 王永固，许家奇，丁继红. 教育 4.0 全球框架：未来学校教育与模式转变：世界经济论坛《未来学校：为第四次工业革命定义新的教育模式》之报告解读［J］. 远程教育杂志，2020（3）：3-14.

实现多维度发展。所谓多维度发展既包括发展的宽度，又包括发展的深度。高质量的游戏与深度学习息息相关。愉悦感、自主性、有意义的学习既是高质量游戏的特征，也是深度学习的特征。因此，厘清自主游戏和深度学习的关系，不仅对幼儿的学习与发展具有重要价值，对于促进高质量的学前教育也有一定的理论与实践意义。①

本书围绕自主游戏和深度学习进行探讨与分析。在本章中，我们界定了幼儿自主游戏与深度学习的含义及两者之间的关系、自主游戏中幼儿深度学习的表现，以及在自主游戏中促进幼儿深度学习的重要意义，为探讨教师应如何基于深度学习理念支持幼儿的自主游戏提供了重要的理论依据。

# 第一节　幼儿自主游戏与幼儿深度学习

## 一、幼儿自主游戏的内涵

### （一）游戏的含义

游戏是人的内在需要，甚至是人的一种存在方式。有人将游戏定义为以娱乐或教育为目的的一种有组织的玩耍活动。个体在物质需求得到满足之后，就会追求精神世界的愉悦感。游戏成为在特定的时间和空间之下个体遵循某种特定的规则进而获得精神满足的一种社会性行为。值得注意的是，游戏不是迫于外界压力而发生的，不是为了某种功利目的，而是个体自发的、自为的活动。游戏本身就富有积极的意义。

儿童游戏是西方启蒙运动后被发现的"儿童"的衍生物。在"儿

---

① 叶平枝，等.幼儿深度学习课程设计与实施［M］.北京：教育科学出版社，2022：11-16.

童"这个概念提出后,儿童游戏以一种"儿童天性"的视角走入大众视野。游戏从不被注意到被广泛研究,经历了漫长的过程。卢梭的《爱弥儿》就体现了"游戏是儿童天性",他主张帮儿童做游戏,让他们快快乐乐,培养他们可爱的本能。柏拉图认为游戏是一切(动物的和人的)幼子因生活和能力跳跃需要而产生的有意识的模拟活动。幼儿通过自身观察和探索,去感知未知世界的奇妙与新奇。华爱华指出,游戏是儿童的"正业"和"心理维生素"。人类学家、社会学家、心理学家、教育学家都从不同的角度对游戏进行了定义。如在社会文化视野下,游戏被理解为一种社会文化现象;在儿童发展的视野下,游戏被理解为一种发展的不成熟表现,是儿童在成长与发展过程中特有的行为;而在教育学的视野下,游戏是一种有价值的教育手段。

《幼儿园教育指导纲要(试行)》中明确指出,玩是幼儿的天性,要发现、保护和引导幼儿固有的天性,幼儿园应当以游戏为基本活动。丁海东认为,游戏是发生于一定情境之中,外部有可观察的行为表现,内部有特定心理体验的儿童主动自愿、自主自由的活动。① 游戏于幼儿而言如吃饭、睡觉一样重要且不可或缺。幼儿通过游戏感知周围的世界并认识外部世界。游戏能满足幼儿对新奇事物的渴望,幼儿在游戏的过程中能感受到愉悦与满足。因此,游戏也成为幼儿园教育最主要、最重要的方式。以游戏的方式开展各种活动顺应幼儿天性,能激发幼儿生长力。作为人的活动,幼儿的游戏活动也具有和人类基本活动一致的特征,即对象性、社会性、主体性和发展性。其中,主体性就是人作为活动主体与客体相互作用过程中所表现出来的自主性、积极性与创造性。儿童在游戏中自主地构建经验,探索学习,形成自己的主体性。② 如美国约翰逊等在《游戏与儿童早期发展》中提到,游戏的本质特征为非真实性、内在动机、过程导向、自由选择和积极

① 丁海东. 学前游戏论 [M]. 济南:山东人民出版社,2001:46.
② 刘焱. 儿童游戏通论 [M]. 北京:北京师范大学出版社,2004:129.

情绪。① 纽曼的"三内说"（内部控制、内部真实、内部动机）、克拉思诺和佩培拉的"游戏四因素说"、加维的"游戏行为五特征说"都与之相近。整体来看，内在动机和主体性这两个特征受诸多学者认同。

### （二）自主的含义

首先要明确的是，"自主"不是"自由"。从个体来看，自由是一种外显的特征或状态，而自主则是不受他人控制的意识和能力，其中包含外显的行为特征，也包含内隐的意识和素养。自由的人具有自主的意识和能力，但不是所有人都具有自主的意识和能力。自由是自主的前提和基础，自主能力的提升也能够让个体拥有更多自由，两者概念不同，但相辅相成。②

自主性是指在一定的条件下，个体能根据自己的主观意志独立地进行选择，决定采取某种行为方式的能力和权力。自主的个体能够自如地把控自己的需求和愿望，也能够在某种程度上对外部环境有一定的控制能力。对于个人来说，人必须依赖生活环境，才能使生存和发展得以可能；但人又不是消极地依赖他所生活的环境，而是以自己的行动和方式来改变世界，在人与环境的相互联系中处于主体地位。自主性是自我依靠、自我控制和自我主张的有机统一：自我依靠是指依靠自己的力量，不经常寻求别人的帮助，与此相反的是依赖；自我控制是指能够主动克制自己的不合理愿望，调节自己的行为，与此相反的是任性；自我主张是指能够自己做主，不受他人的影响和支配，与此相反的是从众。

关于自主性，哲学、政治学、伦理学、法学等不同的学科领域都有相应的理解。但是，即使站在不同视角，其内涵也是一致的。自主

---

① 约翰逊，等. 游戏与儿童早期发展［M］. 华爱华，郭力平，译. 上海：华东师范大学出版社，2006：17-18.

② 董旭花. "自由"的游戏不等于"自主游戏"［J］. 早期教育，2021（14）：9-11.

性的内涵主要涉及两方面：一是相对于客观状况、生活环境等外部条件，个体有独立、自由、自决和自主支配活动的权利与可能；二是相对于客观现实，个体能够合理利用自己的选择权利，有明确目标，有进取心，坚忍不拔。比如，从哲学角度出发，哲学家康德认为，"应该蕴涵能够"（Ought implies Can），也就是说人需要具备一种有意识的选择自由；从生物学角度出发，作为生物个体的部分（如器官、细胞和细胞器）能够自动完成一些生命活动，这就体现了自主性；从人文角度出发，自主性是人的品格特性，更是人类素质的基本内核。

幼儿期是个体自主性发展的关键时期。自主性与自我意识觉醒有着直接的联系。作为一种更为高级的自主意识，自我意识是幼儿自主性发展的重要标志。心理学家认为，在两周岁前后人的自我意识就开始觉醒，进入个体自我意识发展突飞猛进的质变期。① 自我意识萌芽后，幼儿会慢慢地发现"我"的概念。"我"的概念逐渐发展，"我自己来""我要""我想"就逐渐发展起来。

### （三）幼儿自主游戏的含义

只有在理解了游戏和自主的概念之后，才能更加辩证地认识自主游戏。自主不是自由，因此自主游戏也不是自由游戏，自主游戏是幼儿在游戏活动中基于自己的兴趣和需要，自由选择、自主开展的游戏活动过程。幼儿自主游戏中的自主，其实就是幼儿成为自己游戏活动的主体，在不依赖于他人的同时，排除其他干扰，独立地进行选择、判断和行动。② 自主游戏即幼儿在一定的游戏环境中根据自己的兴趣和需要，自由选择、自主开展、自发交流的积极主动的活动过程，这一过程也是幼儿兴趣和需要得到满足，积极性、主动性、创造性得到充

① 琼·库克，格雷格·库克. 儿童发展心理学［M］. 和静，张益菲，译. 北京：中信出版社，2020：213.
② 董旭花. 关注自主游戏中幼儿的主体性发展［J］. 今日教育（幼教金刊），2021（6）：4-5.

分发挥的过程。

如前文中所提及的，游戏的基本特征就包括了内在动机和主体性，可以说游戏本就是幼儿自主自愿的主体性行为，自主游戏其实就是游戏的应有之意。"自主游戏"这一概念其实是针对很多幼儿园在游戏设置上缺乏自主性的现象而提出的，倡导幼儿的主体性。在自主游戏中，幼儿的兴趣得到满足，积极性、主动性及创造性得到发挥，天性逐渐释放，人格逐渐健全，身心得到全面发展。由此可以看出，自主游戏具有以下典型的特征：从角色定位来看，幼儿是积极主动的探究者，根据自己的意愿进行游戏；从过程来看，游戏是自发推进的、没有外界干涉的；从游戏体验来看，幼儿在游戏当中，天性得到了充分的释放，个体兴趣和需求得到了极大的满足，因此内驱力也被充分点燃，得到了全面的发展。

自主游戏强调幼儿游戏的自主权，其实是一种尊重幼儿游戏的理念的回归。自主游戏中的自主是相对于毫无目的、毫无自主性的游戏而言的，体现为材料、玩法、表达表现、场地、伙伴等方面的自主选择权。在特定的游戏环境下，教师给予幼儿均等的游戏机会，尊重幼儿自主选择游戏内容和游戏伙伴的权利，为幼儿提供游戏环境方面的支持。比如，让幼儿参与创设环境，让幼儿自主选择材料，让幼儿与幼儿互相商讨从而决定游戏的规则和玩法。同时，在幼儿享受游戏之余，增加幼儿之间彼此学习的可能性，促进幼儿的主动性、独立性和创造性发展。这时候，教师应该成为观察者和支持者，要能够敏锐地捕捉到幼儿发展的关键点，适当干预，激发幼儿的发展潜能，让幼儿在游戏中学会主动学习，发展主动学习能力。教师如何最大限度地激发幼儿、支持幼儿，为幼儿创设条件，促进幼儿发展，成为问题的关键。教师应当深入地了解幼儿，为幼儿自主性的发挥创设条件和机会，从而使幼儿主动学习、主动内化、主动发展，成为学习的主人。

### （四）幼儿自主游戏的特点

#### 1. 游戏过程的自主性

幼儿是游戏的主体，这就决定了自主游戏中幼儿具有决定权，教师不应充当决定者的角色。教师能否以多重身份指导游戏，使幼儿从游戏中获得愉悦感和良好的体验？让游戏"有意思"成为关键。自主游戏要尊重幼儿的感受体验，让幼儿沉浸其中，不断创造出更多的游戏方式。因此，自主游戏的理念应该是"幼儿在前，教师在后"。明确了幼儿的主体地位，教师才能观察并发现幼儿感兴趣的事物，支持和鼓励幼儿开展自主游戏，真正做到尊重幼儿、支持幼儿、发现幼儿。在自主游戏中，要注重幼儿的自主性，让幼儿从模仿走向探索，从被动走向主动，从参与走向体验，帮助幼儿达到一种自由的状态，真正成为游戏的主人。

#### 2. 游戏计划的连续性

在自主游戏中，游戏的选择者、参与者、规则制定者都是幼儿，幼儿可以自由选择想玩什么、怎么玩、在哪里玩、跟谁玩等。教师不是游戏的计划者和主导者，而是根据幼儿在上一次游戏中的兴趣、表现、问题和现实需求，和幼儿一起制订游戏计划。对于幼儿来说，每一次的游戏都为下一次的游戏积累经验，幼儿的自主游戏不断自我生成和自我迭代。幼儿能通过游戏时候的感受、收获等，不断生成新的游戏计划，使游戏的开展更加能满足自身的愿望和需要。

#### 3. 游戏内容的趣味性

自主游戏的趣味性源于幼儿创生、幼儿参与、幼儿发展。幼儿好奇心强，爱探索，有极强的想象力和创造力，是天生的游戏玩家。在成年人看来简简单单的材料，在幼儿手里就会变废为宝，创造出无数种玩法。这些玩法都是幼儿真正想要的，而不是成人预设的、凭空想象的或是强加给幼儿的。因此，当我们真正把游戏的选择权交给幼儿的时候，我们能看到有趣的、有创意的游戏不断涌现出来。

### 4. 游戏环境的多样性

游戏环境的多样性主要是指游戏环境的丰富程度和变化性，具体包括两个方面。一方面主要是指环境的物理元素，包括地形、地貌等自然环境，如树木、水源、动植物等，可以提供丰富的探索和学习机会。户内和户外的场地可以提供不同的游戏体验，幼儿园提供的设施设备，如滑梯、秋千、沙池等，可以增加自主游戏的趣味性和挑战性。另一方面是指环境的社会文化元素，主要包含自主游戏的规则、角色设定以及安全性等。以上这些元素可以通过不同的组合和变化，创造出各种各样的游戏环境。

游戏环境是影响游戏价值和意义的关键因素之一。自主游戏在场地选择、材料选择、空间利用等方面是多变和多样的。幼儿是游戏环境的主人，要在保证游戏环境安全的前提下，给幼儿充分的自由选择权和主动权。要让幼儿参与环境的创设，在不断摸索、不断尝试、不断挑战中，让环境变得更加丰富多样。此外，自主游戏要尊重每个幼儿的需求，根据幼儿不同的需求提供材料，在环境上体现丰富性、多样性、开放性。同时，不同年龄阶段的幼儿也有不同的特点和发展需求，教师应该充分考虑不同年龄幼儿的特点，在充分评估现有环境资源和材料的基础上，提供更加丰富的材料，让环境能与幼儿形成不断循环的互动，满足不同幼儿的多样化需要，保障自主游戏顺利开展。

### 5. 游戏机会的平等性

游戏机会的平等主要是指每个幼儿都有平等的机会参与游戏，无论他们的性别、年龄、能力或家庭背景是否存在差异。这种平等性主要表现在每个幼儿在游戏中的角色和决策权上。也就是说，每个幼儿都有同样的机会参与游戏而不被排斥，每个幼儿都有权利对游戏规则、游戏角色等做出决策，每个幼儿都有权利在游戏中表达自己的想法和感受，每个幼儿都有机会通过游戏学习新技能，发展自己的潜能。实现游戏机会平等需要家长、教师的引导和支持。

教师指定或者安排游戏，可能会造成幼儿"玩不到想玩的游戏"

"玩了不想玩的游戏"等情况，干扰幼儿的自主选择权和决定权。因此，教师应当为幼儿提供平等的参与活动的机会，通过不同教学策略，支持幼儿自主选择和决定玩什么、跟谁玩、怎么玩、在哪儿玩的问题。

### （五）不同年龄阶段幼儿自主游戏的特点

1. 3—4 岁小班幼儿自主游戏的特点

进入幼儿园以后，小班幼儿身心快速发展。他们喜欢模仿成人或同伴的动作和语言等，在幼儿园自主游戏中的突出特点就是模仿。小班幼儿最常见的行为之一就是同伴之间互相模仿，当一个幼儿出现某种行为时，其他幼儿很容易受到感染，在行为方式上会无意识地模仿同伴。也就是说，3—4 岁小班幼儿在自主游戏中基本上是"看到别人做什么自己也要做什么"的状态。例如，当一个幼儿看到同伴沿着滑梯的滑道往上爬时，他马上就做出类似的行为——模仿同伴往上爬。他们对模仿同伴的行为表现出浓厚的兴趣。但这种简单的模仿产生不了强有力的社交。多数 3—4 岁小班幼儿的社交能力还在发展之中，以自我为中心，注意力和理解力比较有限。该年龄段幼儿更倾向于独自游戏和平行游戏，即使与其他的幼儿一起玩耍，他们多数也会选择各自进行自己的游戏，这是由他们的年龄发展特点和心理发展特点决定的。教师可以根据幼儿在游戏中的表现和游戏特点来创造条件，提供相同种类大量的材料，供幼儿自主游戏。

2. 4—5 岁中班幼儿自主游戏的特点

中班幼儿的游戏水平和表征水平较小班有了很大发展，这个年龄段的幼儿开始具有合作意识，一开始是以某种松散的、不稳定的关系出现，但是随着自主游戏的开展和深入，幼儿之间的合作协同变得紧密。幼儿相互影响，不断调整游戏内容和方式，游戏的目的也趋于一致，但是这种一致性并不稳定。这个年龄段的幼儿很容易受到干扰，会因为游戏环境、材料、同伴、时间和体验等变化而改变合作方式。这时，游戏就具有随机性和多变性。该年龄段的幼儿游戏多为联合游戏。

3. 5—6 岁大班幼儿自主游戏的特点

大班幼儿较小班、中班幼儿有了非常大的变化。大班幼儿学习自主性、能动性都有了显著提升，活动更加有目的、有计划，在游戏中的自我控制能力也显著提高。在自主游戏中，大班幼儿的合作意识更为明显，更具有计划性、目的性，游戏也更加稳定和丰富。基于以往的游戏经验和水平，大班幼儿在开始游戏前自主讨论，同伴之间有相对明确的职责界定和任务分工，游戏的目的性变得明确，同伴之间也会相互协作，克服游戏当中遇到的困难，以达到游戏目的。这一阶段的幼儿随着年龄的增长和社交技能的提高，会逐渐转向更复杂的合作游戏和团队游戏。

**（六）幼儿园常见的自主游戏类型**

自主游戏并不是从游戏分类的角度提出的，而是从游戏性质这个角度提出来的。可以说，所有的游戏都应该有自主性，自主性游戏应包含所有的游戏。不同的研究根据不同的标准对游戏做出了不同的分类。如皮亚杰从游戏与认知发展的关系角度，认为儿童游戏的发生、发展体现着儿童认知发展水平的变化。游戏的类型由游戏者的认知发展水平决定，处于什么样的认知发展水平，就出现什么类型的游戏。[①]

自主游戏发生在幼儿园的全时空，渗透在幼儿一日生活的方方面面。不论是在区域中，还是在户外，或是在生活环节，幼儿的自主游戏都有可能发生。

1. 根据游戏中认知成分参与程度分类

（1）感知运动游戏

感知运动游戏是指一种通过感知运动发展感知能力的游戏。感知能力是幼儿理解和探索世界的主要方式，包括触觉、视觉、听觉、嗅觉和味觉等。通过感知运动游戏，幼儿可以在玩耍中提高感知能力，

---

① 皮亚杰，英海尔德．儿童心理学［M］．吴福元，译．北京：商务印书馆，1981：3.

实现身心发展。

幼儿期的感知运动能力发展会对个体一生产生重要且深远的影响。感知运动游戏主要由简单的重复动作或运动组成，具有很强的重复性，例如玩蹦床、滑滑梯、拍水、荡秋千等。这种游戏的动因在于感觉或运动器官在使用过程中所获得的快感。就像蒙台梭利所说，玩水、玩沙是幼儿的天性，是一种感知运动游戏，丰富的感知觉刺激会让幼儿建立更多的大脑神经连接，促进认知的发展。同时，一些大肌肉动作，比如跳、跑、平衡、钻爬等，在锻炼感知觉能力的同时，也会带动精细动作的发展。

（2）象征性游戏

象征性游戏从字面意思来理解，就是用此物代替彼物、以此人代替彼人的游戏。在这种游戏中，幼儿主要通过想象和模仿来扮演角色，反映周围的现实世界，比如假装过生日，假装自己是妈妈，爱玩警察游戏等。象征性游戏可以促进幼儿运用语言符号进行思考和交流的能力。这个阶段的象征性游戏其实是幼儿自我意识增长带来的对成年人的模仿表现。幼儿想要拥有和成年人一样的控制力，象征性游戏满足了这一心理需求，使幼儿增强了对生活的控制感，提升了自我效能感。

（3）规则游戏

规则游戏是指两个或两个以上幼儿一起参与的以规则为核心的游戏，常常带有竞赛性质，如下棋、走迷宫之类的智力游戏，跳房子、滚铁环之类的运动游戏，跟着音乐节奏拍手之类的音乐游戏。这类游戏具有明确的玩法和规则，游戏过程中会有分享、等待、竞争等。

2. 根据游戏空间分类

（1）室内自主游戏

室内自主游戏主要是区域自主游戏。幼儿园会根据本园课程、环境特点等，设置益智、建构、美术、科学、语言、阅读以及娃娃家等不同的区域活动，同时投放相应的材料。教师引导幼儿自主选择区域和游戏，并对幼儿进行观察、支持、回应。比如，每天早上，幼儿都会在自己想进的区域板上挂牌，然后根据自己的兴趣或需求，选择游戏的内容、伙伴和材料。教师为幼儿提供丰富、适宜的材料，支持其自主游戏。

室内自主游戏能够为幼儿提供适当的游戏环境，满足幼儿的游戏需求，且教师可以结合幼儿发展需求，有计划、有目的地进行环境创设，让幼儿在轻松活泼的环境中，根据自身意愿选择游戏类型、内容及场地，自主探索，自主游戏，获得经验，不断发展。可以说，通过区域活动激发幼儿自主游戏，可以帮助幼儿锻炼问题解决的能力，还能增强幼儿的人际交往能力，对幼儿个性发展有较好的促进作用。[①] 在开展室内自主游戏过程中，教师需要充分考虑幼儿的年龄特点、爱好及性格特征，采取多种手段激发幼儿参与游戏的热情，并且通过合理投放材料、鼓励幼儿自主参与等方式，让幼儿在区域活动中积极探索，互相配合，从而促进幼儿多方面能力的发展。

（2）户外自主游戏

户外自主游戏是当前幼儿园常见的一种活动方式，也深受幼儿的喜爱。户外自主游戏是指事先在户外环境划分游戏区域，提供游戏场地及相关材料，使幼儿能够根据兴趣进行自主选择，在一定时间内开展的游戏活动。幼儿园每天开展不少于两小时的户外活动，户外自主游戏在一日生活当中占比较大。利用好户外时间，给幼儿充足的时间享受户外游戏，有助于幼儿创造性、学习能力、社交能力的提升。比如，有的幼儿园会充分利用户外的自然资源，让大自然变成幼儿游戏和学习的天然场域。幼儿能在与自然的亲密接触中，深度地探索、观察、思考、发现，进一步丰富对自然的认知。再比如，情境式户外自主游戏如搭迷宫、挖宝藏等，也是一种非常好的游戏方式。幼儿园创设特定的情境，让游戏变得更加有吸引力，同伴之间也更加熟悉、认可游戏的方式，这进一步增强了游戏的乐趣。此外，民间游戏是幼儿

---

① 游琳. 运用区域活动激发幼儿自主游戏的策略探究 [J]. 教师，2021（22）：68-69.

喜闻乐见的游戏，比如丢沙包、踢毽子、跳房子、滚铁圈、丢手绢、挑扁担等。幼儿可以根据现有的材料和环境资源，增加更多玩法，让游戏更加丰富有趣。安吉游戏是目前颇具影响力的户外自主游戏形式，主张以幼儿为主体，将游戏的自主权和主动权交给幼儿，给幼儿构建一个自主、自由、安全的游戏环境，促使幼儿在自主探索、不断挑战中，体验快乐、获得知识、积累经验。

在户外自主游戏中，教师要遵循以幼儿为本的原则，让幼儿在前，支持幼儿游戏，同时做好观察者和支持者的角色，敏锐地捕捉幼儿的发展关键点，创设机会促进幼儿投入游戏，体验游戏的快乐和满足，从而获得发展。

## 二、幼儿深度学习的内涵

### （一）深度学习的概念

教育领域最早提出深度学习相关概念的是布卢姆。布卢姆在《教育目标分类学》中提出认知领域目标，指出学习有深浅层次之分。他将认知目标分为知识、领会、应用、分析、综合和评价这6个阶段。2001年，安德森等对此进行了进一步修订，将这6个目标重新定为记忆、理解、应用、分析、评价、创造。假如学习者的认知水平停留在知识或领会的层次，涉及的是简单提取、机械记忆或浅层了解等低阶思维活动，则为浅层次的学习；而理解、应用、分析和评价涉及的是理性思辨、创造性思维、问题解决等相对复杂的高阶思维活动，属于深层次的学习。在一定程度上，布卢姆提出的浅层次学习及深层次学习理论为深度学习在教育领域的应用奠定了理论基础。1976年，美国学者费伦斯·马顿和罗杰·萨尔乔在阅读测验中发现学生在阅读时运用了两种不同策略，一是尝试记住文章的事实表达，思考、猜测下面的测试并进行记忆；二是尝试先去理解文章的中心思想并加以记忆。

在他们看来，前者表现出来的就是表层学习，后者表现出来的为深层学习。因此，他们在《论学习的本质区别：结果和过程》（On qualitative difference in learning：outcome and process）一文中，进一步提出"浅层加工"和"深度加工"的概念，并由此引出浅层学习（surface learning）和深度学习（deep learning）概念。浅层学习与深度学习可以是不同学习者的学习取向：浅层学习是被动的、机械的，不求甚解的，不与自己的经验相联系的，当然也是难以迁移的；深度学习追求理解、问题解决和迁移。浅层学习与智能时代人才需求格格不入，这也是近年来教育界和人工智能领域特别关注深度学习的原因。但需要注意的是，深度学习和浅层学习并不是对立的关系。浅层学习是深度学习的基础，学习者在获得基本信息之后主动探究，深入思考，运用批判性思维解决问题，学习变得更有效、更有意义，就是深度学习。

深度学习相关理论于 2005 年引入中国。① 随后，教育学界对深度学习的研究不断深化，对于深度学习的概念与特征也有了进一步认识。相关研究者普遍认为，深度学习具有较丰富的内涵，涉及内部动机、信息加工、整合推理、问题解决等多方面。他们将深度学习理解为一种基于理解的学习，是知识的迁移过程；不仅是一种学习方式，更是学习过程和结果；深度学习概念既用于描述学习者的能力和目标，也用于表征促进这些能力发展的学习方式/过程；除了认知领域，情感及社会性领域也应成为深度学习的关注点。综合学界的定义，深度学习是指在真实且复杂的情境中，学习者能够既运用常规思维，又运用非常规思维，围绕问题积极地进行思考与探究，并通过与他人及环境的交流互动，将知识与技能运用到实际问题的解决当中，以发展批判性

① 何玲，黎加厚. 促进学生深度学习 [J]. 现代教学，2005（5）：29-30.

思维、创造力、合作能力等多维度能力为目标的学习过程。①②

### （二）对幼儿深度学习的认知与理解

近些年，我国学前教育实践领域逐步从关注幼儿"学到了什么"，转变到关注幼儿"如何学""学习的效果如何"，以及"如何提供教育支持以进一步促进幼儿的发展与学习"③。诸多教育专家及学者将"如何学"研究列为优化幼儿学习效能及提高学前教育质量的重要方式。而"幼儿深度学习"这一概念的提出与这些问题息息相关，也因此受到诸多学前教育专家的关注。

1. 幼儿深度学习的概念

幼儿深度学习具有其独特性。王小英认为，幼儿深度学习是指幼儿在教师的引导下，在较长的一个时段围绕着富有挑战性的课题，全身心地积极投入，通过同伴间的合作与探究，运用高阶思维，迁移已有经验，最终解决实际问题的有意义的学习过程。④ 叶平枝提出，幼儿深度学习是指幼儿在兴趣和问题解决的内在动机驱动下，主动积极地探究并解决问题，丰富和发展认知、情感、能力和个性并将学习所得迁移到新情境中的一种学习。⑤ 两个概念界定既有相同之处，也有差异，相同之处在于都注重强调幼儿在深度学习中的内在动机、高阶思维、问题解决和迁移能力，差异在于前者比较强调教师在幼儿深度学习中的作用，以及深度学习需要在一个较长时间内实现，后者认为深度学习可以发生在有教师指导的情况下，也可以发生在幼儿自主探究

---

① 冯嘉慧. 深度学习的内涵与策略：访俄亥俄州立大学包雷教授 [J]. 全球教育展望，2017（9）：3-12.

② 吴永军. 关于深度学习的再认识 [J]. 课程·教材·教法，2019（2）：51-58，36.

③ 李飞. 厘清关系：幼儿学习评价问题的再思考 [J]. 教师教育论坛，2018（8）：57-60.

④ 王小英，刘思源. 幼儿深度学习的基本特质与逻辑架构 [J]. 学前教育研究，2020（1）：3-10.

⑤ 叶平枝，等. 幼儿深度学习课程设计与实施 [M]. 北京：教育科学出版社，2022：10.

基础上；可以发生在较长时间的探索过程中，也可以发生在集体教学、生活活动等各种活动中；深度学习对于幼儿的发展是一个支点，可以撬动幼儿的全面发展。

需要注意的是，深度学习不是内容方面的高深，不是指向深奥的学习内容，即超过幼儿认知能力范围的难度较高的学习内容，更与"小学化"倾向不同，而是指向可操作、可执行的、基于幼儿原有认知水平与经验的学习。它指向的是一种特定的学习过程，关注的是幼儿是否在学习过程中发生更深层次的思考与应用。

2. 幼儿深度学习的特征

深度学习与"浅层学习"不同，与"有意义学习""理解学习"及"探索学习"等也有所区别，后面的这些概念更强调学习者参与的主动性，强调概念、意义、理解和专注，但即使是这样，它们也不完全是深度学习。诸多学者指出了幼儿深度学习的重要特征。例如，王小英和刘思源提出幼儿深度学习的逻辑框架，即"幼儿的深度学习以问题解决为导向，以积极情绪为动力，以同伴合作为支撑，以动手制作为依托，以评价反思为主轴"[1]。叶平枝等人也指出，幼儿的深度学习是以核心素养为核心、有强内在动机、有意义、整体性的学习，需要由情境带入。[2] 这些特征的提出为教师的教学提供了重要的指导，能够帮助深度学习"真实发生"。结合以上观点，我们可以综合理解幼儿深度学习的特点。首先从学习内容来说，深度学习的内容是基于学习者已有认知和最近发展区的内容，具有一定挑战性；从学习动机来说，深度学习中的幼儿能够全身心地投入学习过程，其感觉、知觉、思维、情感、意志、价值观等都全面参与；从学习目标方面来说，深度学习的目标具有具体性、社会性、全面性，与核心素养具有高度一致性。

---

① 王小英，刘思源. 幼儿深度学习的基本特质与逻辑架构［J］. 学前教育研究，2020（1）：3-10.

② 叶平枝，等. 幼儿深度学习课程设计与实施［M］. 北京：教育科学出版社，2022：11.

可以说，我们想要知道深度学习在自主游戏中是否真正发生，就要看这些要素是否存在，并且结合自主游戏的特定场景做出具体判断。具体来说，自主游戏中幼儿的深度学习有以下几个特征。

第一，从学习目标的角度来说，在自主游戏中深度学习的重要目标在于提升幼儿运用高阶思维解决实际问题的能力。在幼儿阶段，这些高阶思维能力可以理解为信息整合能力、知识重构能力、批判性思维、创造力、想象力、评价能力和反思能力等。自主游戏和深度学习都需要幼儿能够在一定的情境中基于自身经验解决生活中实际的问题。问题解决是思维过程，更是目标。

第二，从学习动机的角度来说，积极情绪能激发并维持深度学习。内在动机是激发学习热情的重要动力。许多心理学家都验证了情绪对幼儿的动机作用。深度学习的发生源于学习者想要学、主动学，学习者具有充分的学习热情，对于幼儿来说更是如此。幼儿深度学习的动力是幼儿问题解决的内在动机，自主游戏为此提供了重要的机会。基于强烈的内在学习动机，幼儿在游戏中围绕一定问题进行思考与探究，从而发展原有认知结构，并学以致用。因此，学习动机是深度学习发生的核心与基础要素。

第三，从学习过程的角度来说，幼儿在自主游戏过程中的深度学习能够调动两方面认知行为，包括"联想与重构"及"迁移与运用"。"联想与重构"主要针对的是幼儿的学习内容或者学习对象。深度学习要求幼儿运用已有知识建构新的知识网络，将所学到的新知识与自己的认知和经验相关联，并进行思考。"迁移与运用"指的是将所学知识运用于新的情境中。在自主游戏中，幼儿自主选择游戏对象与方式，自主探究并解决问题，充分调动以往的经验和知识，从而建构新的知识与经验，并运用到新的场景中去解决新的问题。

第四，从学习的社会属性角度来说，幼儿深度学习的过程需要积极的、多元的人际沟通与支持，包括与教师、家长和同伴的沟通，这也是核心素养的重要内容之一。幼儿深度学习的过程受教师、同伴、家长等其他因素的影响。根据布朗芬布伦纳提出的人类发展生态学理论，人类个体不断成长与发展，周围的环境也不断变化，人在适应环境的过程中会受各种关系的影响。同时，根据分布式认知理论，知识不是固定不变的，学习者需要在与他人的合作中学习知识，通过活动或经验逐步构建知识。国内外许多研究还证实了同伴合作对学习的促进作用，比如相关研究者通过一项合作回忆任务，发现了同伴合作在认知策略的有效运用及元认知发展上的重要作用。[①] 也有研究者通过探究 64 名幼儿在不同学习情境中的元认知发展，发现幼儿在同伴合作学习情境中相对于独立的学习情境的学习效果更佳。[②] 同伴影响幼儿的深度学习，其中不仅包括策略支持，更包括情感支持。在活动中，幼儿相互帮助，共同探讨，一起解决问题，并且通过言语和肢体的交流，给予对方鼓励，这不仅能够提升他们的学习热情，更能促进他们问题解决能力的发展。事实上，深度学习本身也能够促进同伴关系。在幼儿阶段，同伴冲突不可避免，但是同伴冲突并不都是负面的，幼儿在处理和应对冲突时所运用的策略，也能够促进问题解决能力的发展，对社会认知、社会情感等发展也有积极的作用。深度学习的发生离不开同伴之间的沟通与协作。我国始终主张自主、合作、探究的学习方式。这其实就是在强调学习的社会属性。教师是教学活动的引导者与合作者，同伴间的相互合作是幼儿学习的重要方式之一，而家长也有着重要的支持作用。教师、家长、同伴三者对于促进幼儿的深度学习都十分重要。因此，在学习过程中构建学习共同体也是深度学习发生的重要催化剂。

　　第五，从学习方式的角度来说，幼儿在自主游戏中将情境式学习

　　① MANION & ALEXANDER. The benefits of peer collaboration on strategy use, metacognitive causal attribution, and recall [J]. Journal of Experimental Child Psychology, 1997 (2): 268 - 269.

　　② SHAMIR, MEVARECH, & GIDA. The assessment of meta-cognition in different contexts: individualized vs. peer assisted learning [J]. Metacognition and Learning, 2009 (4): 47-61.

与体验式学习相结合。根据情境认知和教育理论，学习者是以积极参与情境中社会实践的方式来获得知识、构建意义、解决问题的。幼儿深度学习一个很重要的特点即将所学知识运用于新的情境中，这也从一个方面说明了情境教学的重要性。真正地学以致用，学习才有意义和价值。同时，幼儿是通过对新知识的掌握和运用来学习的，亲身体验是重要的条件。杜威曾以"教育即生活""教育即生长""教育即经验的改造"为依据，对知与行的关系进行了论述，并提出了知名的"做中学"理论。幼儿的兴趣通常源于具体情境。幼儿思维发展具有具体形象性，探究的兴趣往往由自己刚刚经历的情境或情绪激发，与生活息息相关。根据幼儿的经验和兴趣创造一定的情境，能够激发幼儿的内在动机。因此，亲自体验能够为幼儿的深度学习提供抓手，帮助幼儿通过自己的实际行动解决生活中的实际问题。基于此，自主游戏中应创设能够让幼儿参与制作和亲身体验的环节，真正让幼儿在情境中感受，在体验中学习。

第六，从学习评价与反思的角度来说，自主游戏中的深度学习需要幼儿"做"，并对所"做"进行评价和反思。幼儿深度学习离不开建构和迁移，这都需要以反思为中介。反思能够帮忙幼儿理解事物的本质，从而做出判断和评价。有研究者提出了深度学习的一般过程模型，包括注意与接受、回忆已学知识、迁移运用和问题解决。① 在以问题解决为导向的深度学习中，评价与反思会反复出现。幼儿在发现问题、解决问题的过程中，通过不断思考、反思，最终解决问题。杜威也提出了"反思思维"（reflective thinking）。反思，既是反复思考，也是反身思考。反思会经历情境、问题、假设、推论、验证等环节，这在幼儿的深度学习过程中也是存在的。在幼儿自主游戏中，我们要鼓励幼儿积极地反思与评价，无论是对自身还是对游戏本身。

---

① 张立国，谢佳睿，王国华. 基于问题解决的深度学习模型［J］. 中国远程教育，2017（8）：27-33，79.

## 三、自主游戏中幼儿的深度学习

游戏是幼儿的天性，是幼儿独特的学习方式。在游戏中，幼儿快乐地玩耍，认真地探究，在内在动机的驱动下，不断拓展认知，提升能力，完善个性。例如在搭建雕像"五月的风"时，幼儿从一开始简单垒高，到发现应该上下小、中间大，不断解决重力、平衡的问题，最终完成了作品。这一过程充满了满足、快乐和享受。幼儿不断地自主解决问题的过程，其实也是深度学习的过程，因为这个建构游戏也是充满着主动思考、问题解决、认知建构、批判性思维、反思和迁移的过程。事实上，浅尝辄止、表面快乐甚至重复无聊的游戏并不是高质量的游戏，高质量的游戏与幼儿的深度学习息息相关。

### （一）自主游戏与深度学习的关系

首先，二者都强调自主和内在动机。自主游戏是指幼儿在一定的游戏环境中，根据自己的兴趣、需要，以快乐和满足为目的，自由地进行活动。幼儿深度学习是积极主动地解决问题、建构理解和能力、追求反思和迁移的学习过程。二者都强调了幼儿的自主和内在动机。

其次，二者都强调基于实践探究的学习过程。如果将游戏分成两个重要的阶段，那么第一个阶段即为探索阶段。幼儿最主要的学习常常发生在探索阶段。自主游戏通过实践探究的方式促进和支持幼儿深度学习，不断掌握新的知识和技能。

最后，二者相互促进，共生共长。自主游戏能够促进自主学习，是实现深度学习的重要途径。在自主游戏中，教师引导幼儿获得知识、经验、能力与情感的综合提升，达到知识、经验、技能与思维的拓展，实现深度学习的重要目的。[①] 自主游戏能够促进幼儿的合作与沟通能

① 陈荔敏. 深度学习指导下幼儿园自主游戏的开展策略 [J]. 教师，2021（32）：63-64.

力、社会适应能力，以及良好的学习品质，这与深度学习的特征密不可分。自主游戏能够为幼儿提供不同情境和人际交往机会，为幼儿提供大量与教师及同伴合作交流的机会。在这些游戏中，幼儿自主选择游戏内容、材料、同伴、规则，自主解决问题，彼此交流、分享、互动、沟通，学习分工合作、妥协包容，并且提升问题解决能力，极大地促进幼儿的社会性发展，为幼儿深度学习提供了重要的机会。

《3—6 岁儿童学习与发展指南》中指出，幼儿的学习是以直接经验为基础，在游戏和日常生活中进行的，要珍视游戏和生活的独特价值，创设丰富的教育环境，合理安排一日生活，最大限度地支持和满足幼儿通过直接感知、实际操作和亲身体验获取经验的需要。由此可见，《3—6 岁儿童学习与发展指南》不鼓励死记硬背的学习，倡导自主学习和深度学习，鼓励建构有效支持幼儿深度学习的环境，在游戏过程中帮助幼儿提高社交能力，体验人际关系，学习同伴交往、合作，增强认识问题和解决问题的能力，发展良好的行为习惯和创造力。

### （二）自主游戏中幼儿深度学习的理论基础

叶平枝等指出，深度学习的理论基础包括以皮亚杰、科尔伯格、斯滕伯格、维果斯基为代表的建构主义理论，以及继承了建构主义理论中关于学习观点的元认知理论，另外还有情境认知理论、分布认知理论。[①] 对于自主游戏中幼儿深度学习的理论基础，除了以上理论，我们还应关注自我决定理论和情境教育理论。这两个理论为促进幼儿在自主游戏中的深度学习提供了重要的理论基础。

1. 自我决定理论

不论是自主游戏，还是深度学习，内在动机都占据核心位置。只

---

① 叶平枝，等. 幼儿深度学习课程设计与实施［M］. 北京：教育科学出版社，2022：
17—24.

有激发并维持幼儿的内在动机，才能促进幼儿在自主游戏中深度学习。自我决定理论是理解人类动机的心理框架，是由心理学家理查德·瑞安（Richard Ryan）和爱德华·德西（Edward Deci）在20世纪70年代基于对内在动机的研究提出的。他们在实验中将内在动机与外在动机进行了对比，要求两组大学生同时玩拼图，其中一个小组被告知每完成一个拼图就会获得一美元，另一组没有被告知存在奖励。经过一段时间后，两组被试获得了一段空闲时间，可以从一系列活动中选择他们想要做的事情。在这个空闲时间内，被承诺获得金钱奖励的小组中玩拼图的人明显少于没有被承诺奖励的小组。这说明外在动机会削弱人的内在动机。具有内在动机的人能享受探索和游戏的快乐，更容易发挥潜力，收获更好的人际关系和更高效的学习效果。德西等人认为，幼儿天生具有探索的强烈内在动机，是后天环境和教育让这种可贵的内在动机变为外在动机，学习变成了负担、压力并变得低效。由此推论，幼儿的游戏和学习能力与幼儿内在动机息息相关，正是内在动机让幼儿在自主游戏中乐此不疲，也让幼儿不断探究，从而实现深度学习。

自我决定理论认为，如果能够满足人的3种基本心理需要——自主、归属感和成功感，那就可以很好地提高人的内在动机。其中，自主指的是个人履行任务时的心理自由感和自主决断力。心理自由感是个体根据自己的价值和兴趣独立做出决定时的感觉，自主决断力则是在不受外界压力和强迫之下个体做出自主行为时产生的感觉。当拥有自主权时，个体能体会到决定的自由和任务的意义。自主游戏正是为幼儿提供自主权的重要机会。如前所述，幼儿自主游戏中的自主，其实就是幼儿成为自己游戏活动的主体，在不依赖他人的同时，排除其他干扰，独立地做选择、判断和行动，而幼儿深度学习的重要特征之一就是强大的内在动机。归属感提示我们要进行良好的师幼互动，创设良好的人际环境。成功感则提示我们要找到幼儿的最近发展区，帮助幼儿获得成功感，提升幼儿的内在动机。可以说，该理论为自主游戏中幼儿的深度学习提供了重要的理论基础。

### 2. 情境教育理论

如何让幼儿在游戏中收获更多的快乐，让幼儿自主参与游戏呢？兴趣是关键。兴趣是内在动机得以转化为行动的重要因素之一。那么幼儿的兴趣从哪里来？从情境中来。幼儿深度学习的另一个重要的特征即由情境带入。情境化是幼儿教育一种有效的方式，它能够通过体验和互动吸引幼儿参与游戏，对提高幼儿自主游戏的兴趣、促进幼儿学习的有效性有重要的作用。

情境教育是一种将学习与情境相融合并通过情境演化而优化课程教学的教育活动范式。在理论起源上，情境教育有多个关注点，比如词与物、符号与意义、认知与行为及不同类型知识之间的联系，其最重要的意图是实现知识的有效迁移，发展学习者的创造性想象。这与自主游戏及深度学习都有重要的联系。我国的情境教育源于李吉林的研究，其发展有 4 个值得关注的地方：一是理论发端于中国传统文化的"意境"；二是始终着力于认知活动与情感活动的融合，强调情感在认知过程中的意义；三是通过拓展学科素养，从而培养学习者的专长；四是演变不是从理论假设到实践尝试的自上而下的理论转化过程，而是从下而上的、由探索意向到实践尝试，再到理论凝练的过程。① 情境教育理论要求以活动为途径，促进学习者主动发展，并且形成利用角色效应、强化主体意识的立体教育模式。因此，情境教育强调了学习者主体性的重要作用。②

杜威的做中学思想也体现了情境教育观，可以作为一种情境教育的方式，即从儿童的实际生活出发，提出能够引起儿童主动关注的问题，引导儿童在解决问题的过程中学习知识。为此，杜威设计了思维

① 吴刚. 论中国情境教育的发展及其理论意涵 [J]. 教育研究，2018，39（7）：31-40.

② 钱旭升，张凌南. 新课改背景下情境教育理论的实践意蕴 [J]. 教育实践与研究（小学版），2010（1）：4-7.

五步法：①创设真实的情境；②在情境中提出能刺激思维的课题；③要有可以利用的资料，并做出解决问题的假设；④在活动中验证假设；⑤根据验证的结果得出结论。杜威的理论体现了情境创设的重要性，是情境教育理论的重要基石。可以说，幼儿的自主游戏创造了情境，情境引发了自主游戏，在自主游戏的情境中，幼儿自然而然地探究和深度学习。情境教育为理解与支持幼儿的自主游戏和深度学习提供了又一理论视角。

### 3. 自主游戏中幼儿的深度学习与浅层学习

自主游戏与深度学习密切相关，那是不是只要幼儿在自主游戏，就是在深度学习呢？事实并非如此，只有满足了自主、快乐、解决问题、反思和迁移的条件，幼儿才开展深度学习。如何判断幼儿的自主游戏是否存在深度学习呢？我们将幼儿自主游戏中深度学习与浅层学习的区别列于表1-1。

表1-1　自主游戏中幼儿深度学习与浅层学习的区别

| 特征 | 浅层学习 | 深度学习 |
| --- | --- | --- |
| 动机 | 外部动机，被动、机械 | 内部动机，积极主动 |
| 投入程度 | 浅尝辄止 | 深入探究 |
| 记忆方式 | 简单的机械记忆 | 在充分感知的基础上进行的理解记忆 |
| 思维层次 | 简单重复的低阶思维 | 在游戏情境中不断运用联想、想象、表征、迁移、类比等高阶思维 |
| 计划与反思 | 缺乏计划和反思，不关注学习内容的真实性，孤立地学习，游戏后缺少反思 | 善于计划和反思，关注学习内容的真实性，批判地思考，游戏后能够进行反思 |
| 迁移能力 | 不产生迁移，不能灵活地运用所学知识，在游戏中仅将新知识与旧知识建立表面联系 | 能在游戏中灵活运用所学知识，并能够在新知识与原有的知识之间建立深层联系 |

# 第二节　自主游戏中幼儿深度学习的意义

自主学习、深度学习，前提都是学会学习。学会学习是《中国学生发展核心素养》框架中"自主发展"这一概念下面的重要内容。自主发展强调自主性是人的根本属性，学会学习强调了学习者在学习意识形成、学习方法方式选择、学习进程评估调控等方面的综合表现，而深度学习是如何更深入地去学习，其前提就是自主学习。在幼儿教育阶段，自主学习的重要途径之一就是自主游戏。我国《3—6岁儿童学习与发展指南》中强调要珍视游戏的独特价值，给予幼儿自主游戏的机会，实现幼儿自主性、个别化的发展。因此，想要了解自主游戏中幼儿深度学习的重要意义，我们首先要了解自主游戏本身对幼儿整体发展的重要价值，再进一步理解深度学习在幼儿自主游戏中的重要意义。

## 一、自主游戏对幼儿发展的价值

华爱华教授曾说过，幼儿园的生活、游戏和教学本来并无明显界限，是我们人为地加以区分。值得欣慰的是，随着教育观念的不断转变，生活、游戏和教学不再被简单粗暴地划分成割裂的各部分，教育渗透在生活、游戏中，这也从某种程度上推进了幼儿园课程的变革。游戏是幼儿发自内心的兴趣和需求所在，能够激发幼儿的学习欲望。在游戏的过程中，幼儿感官和思维被极大地调动起来，手脑并用，这有助于提升幼儿的学习成效。通过游戏获得的经验，会伴随着愉悦感和良好的体验感，留在幼儿的记忆中，也会更好地推动幼儿的发展。自主游戏是幼儿自主发起、自主选择的，更加有助于幼儿专注力、灵活性、坚持性的提升。幼儿通过游戏接触社会，学习基本的劳动技能、生活自理能力、人际交往能力，在愉悦自主的游戏中，促进身心全方位发展。① 具体而言，自主游戏对幼儿发展具有以下的价值。

### （一）自主游戏能够促进幼儿自主性发展

自主游戏对幼儿自我认知、与外界的关系建构都有非常重要的作用。自主意味着游戏是幼儿根据自己的需求、爱好自发选择，自主参与。自主游戏的有效开展就是为每个幼儿提供平等参与游戏的环境创设、内容选择、规则制定及同伴合作的机会。这个过程其实是幼儿独立思考、独立决策、独立行动的过程。同时，自主游戏往往具有很丰富的游戏内容，需要幼儿积极地思考和想象游戏的玩法。

### （二）自主游戏能够提升幼儿社会交往能力及问题解决能力

从家庭过渡到幼儿园，在一定程度上对幼儿的沟通交往能力提出了挑战。自主游戏的活动方式不受教学目标和教学设计的限制，给了幼儿充分的自由与自主权，也为幼儿提供了充足的时间、空间。

在幼儿融入集体生活、适应不同的环境、与同伴沟通相处的过程中，自主游戏提供了重要机会。幼儿在游戏时自主选择游戏伙伴，共同商议游戏的规则或方式，想办法自主解决问题和冲突，这对他们更好地融入集体和社会、提升社会交往能力都有极大的促进作用。自主游戏不仅可以加强幼儿的人际交往能力，也可以使幼儿的个人才能得以充分展示，幼儿在自主创造的游戏中更好地进行社会认知，学会分享、互助、关爱、交流，发展社会交往能力、适应能力，形成良好的道德品质。②

### （三）自主游戏能够培养幼儿良好的生活和行为习惯

幼儿园阶段最重要的教育目标之一，就是让幼儿养成良好的生活

---

① 华爱华. 游戏才是儿童的正业 [J]. 中国教育报，2017，12（3）.
② 龚顺梅. 幼儿社会性发展与教育研究 [D]. 苏州：苏州大学，2008.

和行为习惯。如何落实这一目标？自主游戏是一个很好的载体。自主游戏的过程也是幼儿养成良好习惯的过程。比如，在小厨房的烘焙游戏中，幼儿要先洗手才能进行操作；在分享自制美食的时候，幼儿要保持环境卫生。教师看到幼儿的积极行为时，给予及时的鼓励和肯定。幼儿的不断练习和教师的及时肯定，能帮助幼儿逐渐养成良好的行为习惯。

### （四）自主游戏能够激发幼儿的想象力和创新精神

幼儿天生就具有无限的想象力和创造力，这种创造力在自主游戏当中得以彰显和强化。例如，幼儿会搭建从未搭建过的高塔，会用沙子围城墙，会与教师一起丰富游戏和创新情节："昨晚家里闯进来一只怪兽。""火星砸在了家里客厅，客厅着火了，消防员叔叔赶到家里把火扑灭了。"对于幼儿的这种自由想象，教师不需要纠正错误、辨明真伪，而只需要耐心地、颇有兴致地倾听，并配合幼儿通过角色扮演的方式再现场景，让幼儿在游戏当中不断地发展想象力与创造力。

## 二、自主游戏中深度学习的重要价值

### （一）自主游戏与深度学习相辅相成

#### 1. 自主游戏为深度学习提供了良好的氛围

自主游戏为幼儿提供了活动和体验的良好机会。这里的活动是指以幼儿为主体的主动活动，强调了幼儿的自主性，体验则是指幼儿不再被动地接受知识，而是全身心地投入到活动中，不断感受、思考与学习。在活动和体验当中，幼儿进入深度学习的状态，教师、幼儿及教育内容获得了高度的统一，不仅推动游戏发展，还帮助幼儿获得可持续发展的核心素养。①

2. 深度学习让自主游戏走向高质量

受益于自主游戏中的游戏情境和快乐体验，幼儿不断探究并进入深度学习的境界，不仅体会到了快乐，而且能够在认知、情感、交往等方面获得发展，进一步让自主游戏走向高质量。

### （二）自主游戏中的深度学习帮助教师转变观念

1. 树立正确的儿童观

自主游戏中的深度学习让我们发现幼儿不仅是游戏者，而且是学习者，甚至是深度学习者。幼儿的潜力超出教师的已有认知，教师因而更深刻地理解幼儿，树立正确的儿童观：幼儿发展是主客体相互作用的发展；幼儿自身具有学习与发展潜力；幼儿的发展是通过活动，比如对物体的实际操作来进行的；幼儿发展除了表现出一般年龄特点，还具有不同的个性、爱好兴趣、发展速度；幼儿发展具有主动性，且需要与环境互动。正是基于这样的儿童观，教师建立正确的教育观、教学观、环境观和发展观，让理想教育生长在坚实的基础之上。

2. 重新理解幼儿的学习

幼儿是游戏的主体，也是学习的主体。幼儿自主游戏和学习的最终目的并不只是掌握知识，而是应用知识，重新构建知识。在深度学习中，幼儿沉浸在一定的情境与活动中，亲身经历知识的转化与新知识的形成过程。除了教师的支持和引导，幼儿还可以依靠同伴的力量进行自主学习和深度学习。所以，教师在引导和支持幼儿深度学习的过程中，除了要保障幼儿个体的知识迁移与重构，也要思考如何增进积极的同伴关系。②

---

① 郭华. 深度学习及其意义 [J]. 课程·教材·教法, 2016（11）：25-32.
② 张馨月. 建构游戏中促进大班幼儿深度学习的师幼互动研究 [D]. 济南：山东师范大学, 2020.

### 3. 反思幼儿的发展

自主游戏中的深度学习不仅包括知识学习，也包括幼儿观念和能力等方面的发展。深度学习理念强调将教育内容转化为幼儿直接进行思考与操作的教育材料，再转化为幼儿内在的精神力量。在自主游戏过程中，深度学习既是学习过程，也是学习结果，教育内容与教育过程紧密相连，幼儿在深度学习过程中所获得的发展是核心素养发展的关键，如思考力、反思力、迁移力、交往力、创新力等。

### 4. 反思教师的角色

在自主游戏中，教师常常因为幼儿的"自主"而放弃自己的"自主"，弱化自身的主体作用。究其原因，是因为怕自己的自主压抑了幼儿的自主。事实上，幼儿由于自身成熟程度和能力的限制，在解决问题时会遇到各种困难，可能需要教师的帮助。那么，如何兼顾二者并使二者互相促进呢？教师能否尊重、激发幼儿的自主，让幼儿进行丰富、有趣的自主游戏，同时，又能够有效深入地推动幼儿的自主游戏，不但不干扰幼儿的自主，而且会加强幼儿的自主，并推动幼儿的深度探究与深度学习？幼儿在自主游戏中的深度学习让我们看到了可能性。

## （三）自主游戏中的深度学习让幼儿获得理想发展

### 1. 深度学习能够促进幼儿的思考与探索精神

游戏中的深度学习对幼儿的终身学习与发展具有重要作用。[①] 幼儿在深度学习过程中更愿意主动向教师及同伴提出自己的问题和想法，主动推动游戏，并不断引发新的主题。在这个过程中，幼儿的个人兴趣、好奇心、想象力、思考力、创造力都更强，更能敏锐地感受环境的变化，发现游戏中容易被忽视的一些细节与问题，并主动地提出问

---

① 卢素芳，曹霞，顾红云. 促进幼儿深度学习的游戏样态创新与实践［J］. 上海教育科研，2019（7）：78-83.

题，思考解决方案。

**2. 深度学习能够促进幼儿的问题解决能力**

幼儿在深度学习中会通过已有的知识和经验解决眼前的实际问题，并在解决问题的过程中实现知识和经验的升华。在教师的引导下，面对游戏中发现的各类问题，幼儿会自己主动解决问题。他们能够积极主动地与外部环境相互作用，通过不断地同化与顺应解决实际问题。

回望历史，20 世纪 70 年代，我们注重"玩"；90 年代强调"玩中学"；到了现在，我们积极地探索"在玩中深度学习"，以优化游戏中幼儿的学习，帮助幼儿通过高阶思维解决生活与游戏活动中的问题。深度学习的兴起，是社会发展的客观需要，是对学习本质的回归，是学前教育质量改革的必然选择。深度学习概念的提出，能够帮助我们重新认识并理解自主游戏，思考自主游戏中教师和幼儿的角色，重构自主游戏的教育目标与内容。目前，幼儿园课程已经从关注"学科"转向关注"活动"和"经验"；从关注"教育者"转向关注"学习者"；从关注"静态的知识"转向关注"幼儿与环境的相互作用"。① 这些都与深度学习的要求契合，深度学习有望成为幼儿园课程改革的重要方向。因此，我们需要进一步了解幼儿在自主游戏中深度学习的表现，以及如何帮助幼儿在自主游戏中实现深度学习的目标。

# 第三节　自主游戏中幼儿深度学习的表现

在自主游戏中，幼儿依据自己的想法和需求开展游戏，在游戏的环境与场景中拥有较多的选择权。为了促进幼儿的深度学习，我们需

---

① 袁婕，谭芮，王建业，等 . 自主性区域游戏中幼儿深度学习策略研究［C］//中国管理科学研究院教育科学研究所 . 2021 教育科学网络研讨会论文集 . 2021：606-610.

要为幼儿提供更多展现自我的机会，使幼儿主动推动游戏进程，并独立思考与探索可能出现的问题。那么，在实践中，如何判断幼儿是否进行深度学习？自主游戏中幼儿深度学习有什么表现？有学者从学习动机、学习目标、学习内容、学习情境、学习方式及学习效果等几方面对大班幼儿积木游戏中的幼儿深度学习进行了分析。① 基于已有研究，结合前文提及的幼儿深度学习的重要特征，我们从自主游戏的前期表现、过程表现和结果表现几个方面讨论幼儿在自主游戏中深度学习的表现。

## 一、自主游戏中幼儿深度学习的前期表现

### （一）情绪积极饱满

幼儿深度学习的动力源于内部动机，内部动机又决定了幼儿的满足感、愉悦感，这些积极饱满的情绪是幼儿探究的基础，是幼儿积极进行深度学习的基础。可以说，深度学习一定发生在幼儿积极主动、全身心地参与游戏时。浓厚的参与兴趣、强烈的学习动机、主动的探索行为能够推动幼儿在自主游戏中进行深度学习。②

### （二）沉浸在游戏情境中

在自主游戏中，幼儿沉浸在丰富的、有意义的情境中，自主探究，积极思考，深度探索和创造。幼儿在情境中的深度学习是基于问题的学习，同时也是整体性、构建性的学习，即采用自己的方式，基于自身的认知与经验构建新知识。基于问题的学习和构建性的学习是彼此

① 卢伟，游云龙. 幼儿深度学习的理论与实践：基于大班幼儿积木游戏 ［J］. 教育与教学研究，2019, 33（9）：45-56.
② 王小英，刘思源. 幼儿深度学习的基本特质与逻辑架构 ［J］. 学前教育研究，2020（1）：3-10.

共生的，而实现这些的基础就是有意义的、适宜的环境与情境。

## （三）积极解决问题

深度学习就是一种基于问题解决的学习，它需要幼儿能够创造性地提出问题、解决问题。[①] 在自主游戏中，幼儿遇到各式各样的问题，积极地解决问题，向教师和其他同伴求助，学习接受别人的建议。在解决问题的过程中，幼儿能够有意识地思考和探索。

# 二、自主游戏中幼儿深度学习的过程表现

## （一）深入探究

如前所述，深度学习既是学习过程，也是学习结果。幼儿深度学习也是以培养幼儿深度学习、发展幼儿高阶思维为目标的。布卢姆提出的认知领域目标分层，包含浅层学习与深度学习的内涵。幼儿的浅层学习主要停留在知识及领会层次，而深度学习则表现为运用、分析、综合及评价这些高级认知层次。自主游戏促进幼儿的高阶思维，支持与帮助他们运用已有知识与经验，发现问题，分析问题，解决问题，并对学习过程与结果进行评价与反思。可以说，幼儿深度学习的发生是幼儿运用高阶思维的体现，同时，高阶思维的运用也进一步促进幼儿的深度学习能力。

## （二）勇于挑战

深度学习指向的不是超越幼儿认知能力、高难度的学习内容，而是具有一定挑战性的、有价值和意义的内容。它体现为幼儿在自主游

---

① 田波琼，杨晓萍. 幼儿深度学习的内涵、特征及支持策略［J］. 今日教育（幼教金刊），2017（Z1）：18-20.

戏的过程中积极思考和探索，在实践中达到一定的目的，完成一定的挑战。判断幼儿是不是在深度学习，主要看幼儿在自主游戏中是不是喜欢具有挑战性的问题和情境，是不是不断深入直到问题解决。

### （三）分享合作

幼儿深度学习需要解决真实情境中较为复杂的、有挑战的问题。要实现这个目标，通常需要学习共同体的合作与协调。浅层学习相对较为孤立、零散、重复，但是在深度学习中，幼儿会更多地与同伴、教师进行交流和互动，合作解决情境中的复杂问题。同伴是幼儿的实践共同体，而教师则是幼儿的支持者、引导者、促进者。也正因为如此，我们鼓励幼儿在自主游戏中面对复杂问题时积极向同伴或教师表达自己的意见和观点，咨询同伴及教师的想法，倾听同伴及教师的建议，并经过独立的思考与探索逐步调整。

### （四）积极反思

有意义的学习通常都表现为在学习过程中有反思与评价，深度学习中的幼儿也是如此。在发现问题时，幼儿能够且需要积极探索问题，思考问题解决的方法，在解决问题的过程中反复进行评价以反思，最终解决问题。

## 三、自主游戏中幼儿深度学习的结果表现

深度学习主要表现为原有知识经验的迁移与运用。在游戏中，幼儿积极探索人、事、物的同时，主动发现问题，并联系已有知识和经验，积极地解决问题。解决生活中的真问题是幼儿在自主游戏中深度学习的重要表现。总的来说，幼儿深度学习是幼儿主动学习、重构及迁移知识、提高思维品质的学习。这种学习也能促进幼儿对所学知识和经验的进一步理解，使幼儿形成更强的问题意识和探索精神。

很多幼儿园都遵循以游戏为基本活动的原则，将游戏作为对幼儿进行全面发展教育的重要形式，让幼儿在玩中学，并且引入了自主游戏。如前所述，自主游戏即幼儿在一定的游戏环境中根据自己的兴趣和需求，以快乐和满足为目的，自由选择、自主开展、自发交流的活动。自主游戏不是任意地玩，而是有价值、有意义地玩。目前已有诸多研究探讨了自主游戏的促进方式，近些年较热议的话题之一就是促进自主游戏中幼儿的深度学习。让深度学习在自主游戏中发生，需要教师采用不同的策略给予支持与引导。研究发现，幼儿在自主游戏中的深度学习仍然存在较大的提升空间。在教育实践中，也有一些问题需要关注，比如，幼儿自主游戏时间不足，未能达到深度学习的要求；幼儿游戏经验不足，无法进行深度学习；教师指导不足、过度或不合适，没有运用科学有效的指导策略引发或推进幼儿深度学习。因此，我们需要为幼儿提供科学、系统的支持与引导。

# 第二章

## 自主游戏中幼儿深度学习的教师支持

《国家中长期教育改革和发展规划纲要（2010—2020 年）》明确提出构建学习型社会的目标。深度学习有利于学习方法和教学模式的更新，有利于培养学习者的自主学习能力和终身学习能力，是实现学习型社会目标的重要途径。研究表明，深度学习对学习者认知、动作技能、情感和社会性等诸多方面的发展具有重要的促进作用。

厘清幼儿自主游戏中深度学习的相关影响因素，是促进幼儿深度学习的必然前提。国内外相关研究表明，学习者主体因素和外部环境因素是影响深度学习的两大主要因素：学习者主体因素包含元认知、学习动机、学习品质、学习迁移、年龄与性格特征等；外部环境因素包含教师支持、师幼关系、同伴关系、家园合作、课程结构、课程内容、教学形式、考核方式和教学制度等。

本章重点探讨外部环境中"教师支持"这一重要影响因素对幼儿自主游戏中深度学习的影响，包括教育理念、对游戏时间和空间的把控、倾听与观察的能力、师幼互动、指导能力对于自主游戏中幼儿深度学习的影响。

# 第一节　基本理念

理念是行动的先导，教师的教育理念会影响自主游戏中幼儿深度学习的发生和发展。教师需要秉承正确的教育理念，促进自主游戏中幼儿的深度学习。以幼儿为本的理念是自主游戏中的关键因素，为幼儿深度学习提供指引。教师对幼儿探究式思维的激发在深度学习进程中起着关键作用，推动深度学习的不断发展。与此同时，游戏作为贯穿幼儿一日生活的基本活动，为幼儿创造最近发展区，为深度学习提供发展空间。

# 一、以幼儿为本

我国学前教育事业始终贯穿以幼儿为本的核心理念。《幼儿园教育指导纲要（试行）》《3—6 岁儿童学习与发展指南》《幼儿园教师专业标准（试行）》等重要文件都强调这一核心理念。以幼儿为本是幼儿教师从业的重要标准。以幼儿为本就是要把幼儿的发展及其幸福视为学前教育的出发点和归宿，作为保教工作的宗旨。

幼儿教师对以幼儿为本理念的理解程度和教育态度会影响幼儿在自主游戏中的深度学习。幼儿因其年龄阶段的特殊性，身心尚未独立，可塑性大，依赖性强。教师唯有顺应幼儿发展，遵循教育规律，以帮助幼儿建立良好的身心健康为基础，才能进行高质量的教育，激发幼儿的深度学习。

教师深入践行以幼儿为本的观念，意味着需要重视幼儿需求，尊重幼儿个体差异，鼓励幼儿自主学习和深度学习。第一，了解每个幼儿的需求，因为每个幼儿都是独特的，拥有不同的背景、兴趣、学习风格和发展阶段。了解每个幼儿的需求，包括情感、社会性、认知和身体需求，这些都是促进幼儿深度学习的基础。这需要教师对幼儿进行密切的观察并与幼儿建立亲密的关系。第二，创造适宜的学习环境，提供丰富多彩、充满创造性并能够激发好奇心的学习材料，有利于幼儿从浅层学习向深度学习发展。第三，尊重幼儿个体差异，根据幼儿的兴趣和能力，提供有针对性的教育支持。教师可以为幼儿制订个性化的学习计划，提供多样化的教育资源和活动。践行以幼儿为本的教育理念，可以更好地满足幼儿的需求，从而为幼儿提供更有意义的学习经验，帮助他们成为独立、有创造力和积极参与社会的个体。

总而言之，教师应始终贯彻以幼儿为本的理念，开展自主游戏时的出发点与落脚点应该都是幼儿。这要求教师持续提升能力，在环境、材料、情感上支持幼儿，重视幼儿在自主游戏中的主体地位，促进幼儿深度学习。

## 二、基于探究式思维

幼儿拥有强烈的好奇心与探究欲望，这驱使着幼儿去探索并发现未知事物。探究式学习是幼儿主要的学习方式。探究式思维是一种以问题为依托的思维方式，体现在幼儿通过主动探究解决问题的过程中。①

幼儿好奇、好问、爱参与、爱尝试的天性，促使他们在自主游戏当中自然而然地产生探究式学习，而其中产生的探究式思维对幼儿的深度学习起着推波助澜的作用。在自主游戏中，幼儿能独立观察、发现并提出问题，有利于深度学习发生，但这不是探究的全部。探究式思维的实质体现在问题解决的过程中。在这个过程中，探究式思维能有效推动幼儿的深度学习。对于幼儿来说，自主游戏的某一活动是否具有探究性，是否能产生深度学习，取决于幼儿是否尝试去解决问题（问题可以由幼儿独立提出，也可由同伴或教师提出）。幼儿的探究式思维具体表现为目的性、技能性和结果性。目的性指的是幼儿在探究过程中是有一定目的的，整个活动过程中有较长时间能围绕问题进行探究。探究时间的长短反映了幼儿深度学习的兴趣和情绪情感卷入程度。技能性是指幼儿在自主游戏探究过程中，能自己积极动手动脑，尝试运用观察、操作、实验、谈话、讨论等各种方法，基于一定依据对问题做出解释，这一特点体现了幼儿的迁移能力与思维深度。结果性是指幼儿在探究过程中，能对问题形成一定的感受、理解、解释，获得一定的发现。因而，目的性、技能性、结果性的不同程度表现，

---

① 黎安林. 对幼儿园科学教育中"探究式学习"问题的探讨 [J]. 学前教育研究, 2004（3）：30-32.

代表了幼儿基于探究式思维深度学习的状况。

可以看出，探究式思维是幼儿产生深度学习重要的内驱力，它能激发幼儿自主、持续、高效地学习。如果扼制幼儿的好奇心与探究欲，探究式思维无从谈起。王海英曾指出，我们需要走上日常化的深度学习之路，不要把它看成特殊的现象。① 对教师来说，需要将探究式思维融入深度学习，让幼儿在动手操作、自主探索、实验观察中萌发探究式思维，进而产生深度学习。

## 三、游戏创造最近发展区

游戏是幼儿进行学习与探究的根本保证，也是幼儿能够进行深度学习的关键。游戏能为幼儿创造最近发展区，通过游戏，幼儿能够达到只依靠自身不可能达到的水平，游戏的支持是幼儿达到潜在发展水平的重要助力因素。

幼儿的深度学习所强调的正是使幼儿达到"跳一跳够得着"的水平，这离不开游戏作为支架。游戏为幼儿创设最近发展区预示着幼儿的发展必然离不开游戏的支持。想要幼儿在游戏中获得高质量的学习与发展，教师需要了解幼儿现有的发展水平，找准现有发展水平与潜在发展水平之间的差距，进而抓住准确时机，使用合理方式，展开教育支持，推动幼儿游戏与深度学习的发展。② 对幼儿来说，前一次游戏获得的有益经验可以成为后一次游戏的支点，而前一次游戏遇到的困难和问题可以成为后一次游戏中实现最近发展区的关键点与契机。倘若游戏成分减少，幼儿对活动参与的兴趣度降低，自主游戏就很难持续。倘若游戏投入不够，那么幼儿的深度学习就无法发生。游戏是激发幼儿深度学习的关键动力。

---

① 王海英. 幼儿园一日生活中的深度学习 [J]. 奕阳幼教评论，2019（49）：16-26.
② 靳克楠. 大班自主游戏中教师支持的研究：基于深度学习视角 [D]. 南昌：江西科技师范大学，2022.

教师需要关注游戏全过程，遵循"游戏前巧搭支架、游戏中穿针引线、游戏后推波助澜"[①] 的步骤。第一，"游戏前巧搭支架"指为了支持幼儿展开较长时间的深度学习，教师需要提供材料、场景、经验、时间支持等，让幼儿能投入游戏。第二，"游戏中穿针引线"。在游戏开展过程中，教师应全面观察、深入支持、个别指导，从解决问题入手，激发幼儿深度学习，使幼儿在思维、情感、行为上深度参与游戏。第三，"游戏后推波助澜"。游戏结束并不代表深度学习的结束，幼儿会与小伙伴讨论刚才的游戏玩法、过程。游戏后教师成为幼儿的倾听者，给予幼儿表达的机会，满足他们游戏后的分享欲望，并为下一次游戏搭建多元且适宜的支架，从而推进幼儿持续深度学习。

# 第二节　时间和空间

陈鹤琴指出，儿童的生活就是游戏，幼儿园应当利用游戏式的教导法。游戏时间的充足性和空间、材料的开放性，是幼儿自主游戏能够从浅层学习进入深度学习的基本保障。情境认知理论也强调，知识的获得离不开活动，学习是学习者借助真实的情境从中习得知识与经验、技能的过程，是在与真实情境互动中不断地建构起自己新的知识体系的过程。所以，为促进自主游戏活动中幼儿的深度学习，创设良好的环境必不可少。

## 一、时间

与传统的被动接受式学习相比，深度学习更需要幼儿主动探索，仔细观察，迁移经验，尝试不同策略解决问题，需要时间的保障和支持。

---

① 何玉珊. 自主游戏中支持幼儿深度学习的探索［J］. 幼儿教育研究，2020（6）：55-58.

因此，教师应保障自主游戏活动充分的活动时间。《幼儿园教育指导纲要（试行）》指出，要保证幼儿每天有适当的自主选择和自由活动时间，让幼儿有时间和机会发现问题、积极思考、主动探索。教师应通过各种方式激发幼儿的内部学习动机，鼓励幼儿尝试通过协商合作、调查访问等多种不同途径寻求问题解决的方法。目前很多幼儿园在自主游戏活动环节存在活动时间不足的问题，这成为阻碍幼儿自主游戏中深度学习的因素之一。

充足的时间是幼儿寻找伙伴、发现问题、探索操作进而进行深度学习的前提保障。但是，如果教师提前设定的活动时间不充足（如一次游戏时间少于 30 分钟），就会使幼儿在面临问题和进行探索时无法深入，导致幼儿既看不到自身的操作成果，也无法进行评价、反思、总结。

在幼儿园教育教学实践中，有的教师会将自主游戏活动作为集体教学的延伸与补充，在集体教学结束之后象征性地让幼儿进入区域玩一会儿，游戏时间往往不足 30 分钟。有的教师会将自主游戏活动安排在幼儿早上入园或午睡之后。这种零碎的、不系统的时间无法保证幼儿进行完整的、系统性的探究活动，幼儿最终获得的很有可能是一些缺乏相互联系的、零散的经验。

## 二、环境创设

《幼儿园教育指导纲要（试行）》中明确指出，环境是重要的教育资源，应通过环境的创设和利用，有效地促进幼儿的发展。具有科学性和教育性的环境能有效促进幼儿自主探究、积极思考和大胆创造，进而促进深度学习。教师首先要营造一个自由、温馨、平等的心理环境，让幼儿能够在轻松和谐的氛围中积极体验、自主探究。其次，教师应重视环境的隐性教育功能，通过环境这个无声的教师，潜移默化地引导幼儿深入观察、积极思考。教师应正确认识环境创设的核心，不应舍本逐末，比如过多关注环境的装饰作用而忽视环境的教育性。

再次，教师要注重观察幼儿在自主游戏活动中与环境互动的实效，分析影响幼儿深度学习的环境因素，进而进行差异化个性指导。

良好的游戏环境既能激发幼儿参与活动的兴趣和持续探究的主动性，又能促进幼儿对知识的迁移与利用。反之，不良的环境不仅不能促进幼儿的深度学习，甚至会对幼儿活动产生干扰和阻碍。在自主游戏环境创设过程中，因为环境布置不当及活动材料不适宜而阻碍幼儿深度学习的情况时有发生，很多教师常常陷入以下误区。

### （一）环境布置缺乏儿童视角

在自主游戏空间环境方面，有的教师过分追求环境的逼真与美观。教师的初心可能是提供一个尽可能真实的环境供幼儿探索、操作，但他们并没有真正理解"真实"的含义。真实是指要贴近幼儿的生活，而不是简单地用现成仿真材料去复制或还原生活环境，后者会给幼儿呈现很多不必要的、与活动无关的信息。而且，自主游戏环境过于逼真往往会限制幼儿的想象力与创造力，过于美观也可能会转移幼儿的注意力，这都不利于幼儿深度学习。自主游戏环境创设还存在表面化、形式化的现象，即一些环境创设对幼儿来说是无效信息，因为幼儿并不明白其中的含义。如有些幼儿园基本每个自主游戏活动区都会张贴一张说明，说明中有的是强调区域规则，有的是介绍活动内容。即使教师采用图文并茂的方式呈现，有些幼儿仍然不明白说明中要传达的是什么信息。例如，在某园"小象快递"表演区中，教师张贴了一张寄件价格表，但幼儿并不明白这是一张价格表，也不知道如何使用这张表。

### （二）材料投放缺乏探究性

材料提供方面存在数量不足和质量不高的问题。一方面，游戏材料数量不足，幼儿总是操作同一材料，难以获得新的知识和经验，时间一长，材料的吸引力和挑战性便不复存在。例如，在某幼儿园自主游戏活动中，很多幼儿可以在几分钟内拼出一块复杂拼图，这是因为这块拼图他们已经玩过很多次了。同时，材料数量不足也可能会增加幼儿的冲突行为，影响幼儿探索活动的持续进行。另一方面，游戏材料质量不高，即从材料的功能性角度看材料的可操作性不强。游戏材料太过简单或操作难度过高，都难以激起或维持幼儿的探究兴趣，不利于幼儿动手操作、深入思考。例如，在娃娃家中，教师总是希望提供逼真、配套齐全的仿真玩具，甚至是花大量力气去缝制本该由幼儿动手制作的"饺子""牛肉串"等材料，这在无形中限制了幼儿游戏。

## 三、情境

知识是在个体与情境的互动中产生的。情境是带有真实任务，促进知识、技能和经验之间产生连接的环境，能为幼儿提供一个有助于学习迁移、与个体理解世界的经验解释相一致的环境。[①] 但不是所有的情境都能促进幼儿深度学习，只有符合幼儿的探究兴趣、具有一定复杂性和挑战性的情境，才能让幼儿在解决问题的过程中深度学习。因此，教师创设的情境首先应贴近幼儿的生活，具有真实性，激发幼儿的探究兴趣，促进幼儿知识技能的迁移。其次，教师创设的情境应具有一定的挑战性，能激励幼儿通过深入观察、自主探究、经验迁移和大胆尝试，调动高阶思维来解决具有挑战性的任务。在幼儿园实际的教育教学中，有的教师不能结合幼儿已有的知识及相关生活经验创设与学习任务相关的真实的、基于问题的情境，因而影响幼儿深度学习。在自主游戏的情境创设中，教师常常陷入以下误区。

---

① 高文. 情境学习与情境认知 [J]. 教育发展研究，2001（8）：30-35.

## （一）情境缺乏真实性

在实际教学中，很多教师对情境的创设多停留在墙面装饰、逼真玩具提供等做法上，没有真正认识到情境创设的实质。真实性的活动情境是那些能够将自然环境和社会生活环境镶嵌在活动中的情境，简言之，真实性的活动情境应该是与现实生活息息相关的。教师应尽可能地还原现实生活。例如，角色扮演区的道具可以是由现实生活中收集到的废旧衣物改造而来的，科学探索区用到的仪器、材料也可以是日常能见到和用到的。创设接近实际生活的游戏情境，既可以保证幼儿学习到的知识来源于生活，加深幼儿对知识的理解，又能促进幼儿的知识迁移，使其利用活动中的知识经验解决生活中复杂的问题。

## （二）情境缺乏问题性

深度学习的重要价值之一就是让幼儿学习解决各种复杂问题。同时，幼儿的思维发展水平及特点决定着幼儿的学习只能围绕着问题进行，而不能按照知识的内在逻辑关系进行。这就要求教师在自主游戏活动中将问题作为游戏的主线，创设基于问题的情境，使幼儿在活动过程中将问题情境转化为活动任务，通过完成不同的任务来获取知识经验，在做中学。教师在创设问题时应注意以下几点：①问题要具有探究性，以充分激发幼儿的探究兴趣，培养幼儿的问题探究能力和深度理解能力，同时还可以让幼儿获得成功的体验和自我效能感；②问题要有生活性，以调动幼儿已有的知识储备和生活经验，给幼儿以启发；③问题要充满趣味性，以引发幼儿的活动兴趣，激发幼儿学习动机。教师还应注意结合活动的开展情况及幼儿的具体表现，及时优化预设问题，生成新的问题。

# 第三节　教师的倾听与观察

　　教师的倾听与观察是促进自主游戏中深度学习发生的催化剂。有效的倾听与高质量的观察能帮助幼儿进入深度学习。幼儿可以使用不同方式表达他们对于事物的态度，教师关注幼儿的最好方式就是倾听。倾听能了解幼儿的想法，把握幼儿的现有水平，推动幼儿向更高阶发展。与倾听相辅相成的是教师的观察能力。教师需要全面、深入地感知幼儿的认知水平、情感状况、行为表现、兴趣爱好及思维特点等，进而依据观察的情况，及时启发引导，促进幼儿的深度学习。

## 一、教师的倾听

　　倾听被释义为"细心地听取"。"细心"与"听取"两词意味着倾听包含两层含义，即行为层面上"听"的举动，认知层面上"思考"的行为。从这个角度分析，所谓倾听，就是听取对方所传达的信息，并进行内部认知加工，以期得到对方语言的真意。① 教师的倾听是指在幼儿园教育活动中以真诚的态度认真听取幼儿的各种表达（言语表达和非言语表达），在尊重和理解幼儿的过程中对幼儿表达的各种想法或疑惑做出及时且恰当反馈的过程。

　　教师的倾听在自主游戏中具有深刻的意义，也推动着幼儿深度学习的发生。"幼儿有一百种语言"的实质是提倡教师成为幼儿的倾听者，倾听即为对幼儿全心全意的关注。幼儿教师在自主游戏中倾听有助于全面地了解正在进行的活动，有效地进行针对性的教育。例如通过倾听，教师找到了幼儿游戏停滞不前的原因，发现了幼儿起争执的缘由，从而为采用适当的方法找到了切入口。

---

① 张青允．幼儿教师倾听行为探析［J］．教育导刊（幼儿教育），2007（7）：7-9.

考虑到幼儿的年龄与身心发展特点，教师需要更主动地倾听，并且倾听对象为每个幼儿。教师有效的倾听不仅是对幼儿的尊重，更能在倾听后理解幼儿、支持幼儿，如教师的倾听能帮助教师理解幼儿的游戏行为，及时给幼儿提供有针对性的指导。

## 二、教师的观察

《3—6 岁儿童学习与发展指南》指出，幼儿教师的专业核心素养之一是观察了解幼儿。观察能力是幼儿园教师专业能力的重要组成部分，是幼儿园教师在特定活动情境中对幼儿的学习与发展进行观察记录、分析解释与支持帮助的能力。观察作为幼儿园教师进行幼儿研究与支持的基本方法与手段，既是幼儿园教师研究与理解幼儿的主要方式，也是幼儿园教师基于对幼儿的研究与理解，设计与改进教育教学活动、支持与促进幼儿深度学习的逻辑起点。[①]

幼儿教师的观察能力是影响自主游戏中深度学习质量的重要因素。幼儿园自主游戏活动开展的质量在一定程度上反映了幼儿深度学习的质量，提升自主游戏质量对于幼儿的深度学习有着重要的作用。教师的观察能力会影响自主游戏中幼儿的深度学习。在自主游戏开展前，材料投放适宜与否离不开教师的观察，教师要观察投放的材料是否符合幼儿需要，幼儿对材料是否感兴趣，是否愿意使用这种材料开展活动。教师通过幼儿的表情、动作、语言等做出明确判断，并给予回应。在自主游戏开展中，教师基于观察的及时、有效指导能推进幼儿的深度学习。

自主游戏中教师应如何进行有效的观察呢？首先需要确立观察目标，教师需要很清楚地知道自己想了解什么。只有明确观察目标，在

---

① 高宏钰，霍力岩. 幼儿园教师观察能力的理论意蕴与提升路径：基于"观察渗透理论"的思考 [J]. 学前教育研究，2021（5）：75-84.

幼儿活动中发现需要重点观察的内容与幼儿行为表现，才能有效地记录符合观察期望的、有意义的行为。具体来说，在自主游戏中，教师的观察要集中于幼儿游戏计划和实施等环节，以及在这些环节中表现出来的游戏兴趣、情绪管理、同伴合作与冲突解决等，从中捕获关键信息，发现幼儿的优势及问题所在。这个时候还要注意选取合适的观察角度，避免"客观描述"笼统、简单，致使观察活动流于形式，失去意义。其次，重视对幼儿操作过程的观察。教师观察幼儿的操作过程能捕捉到幼儿遇到的多种问题及其解决过程，教师的观察以及及时指导，能推进游戏，激发幼儿的深度学习。最后，观察需要有递进性，循序渐进。幼儿的发展是一个渐进的过程。

**案例2-1**

　　在"神奇的月球车"活动中，幼儿制订月球车的建构计划，其中一组幼儿计划用纸箱、木块、马达等材料。骏英在制作月球车时，发现两边的太阳翼耷拉下去了，这意味着月球车无法吸收太阳光，无法获得能量。

　　老师发现了这一问题，问："你们组的太阳翼是怎么吸收太阳光的呀？"

　　大家恍然大悟："是，怎么太阳翼是掉下去的呀？"

　　于是，幼儿纷纷去找了各种材料，有方木块、圆木块等，但都是一些重物，依旧没能让太阳翼立起来。

　　老师看到他们沮丧的表情，提示他们："你们可以看看旁边这个小朋友是怎么做太阳翼的。"

　　骏英走过去，发现原来是用一根雪糕棒支撑。经过多次试验，骏英终于把太阳翼装好了。

（案例来源：广州市黄埔区香雪幼儿园　朱中淑　张路旋）

从案例中，我们可以看到幼儿自身在操作过程中发现问题、提出问题的敏锐性，这离不开教师的观察与跟进。在制作月球车过程中，教师通过观察答疑、提示支持等方式，鼓励并启发幼儿按照自己的想法去用各种材料尝试，引导幼儿观察其他小组成员的做法。这些都促进了幼儿的深度学习。

# 第四节　师幼互动

师幼互动指发生在幼儿园内部、贯穿于幼儿一日生活中的幼儿园教师与幼儿之间相互作用、相互影响的行为和过程，其核心是教师和幼儿双方相互的作用和影响。

师幼互动对幼儿发展以及幼儿的深度学习都具有重要意义。从幼儿发展角度来看，师幼互动能够促进幼儿学业成绩、社会与交往、语言、人格等方面获得发展。1987 年，菲尼、克里斯坦森和莫拉夫奇克提出，师幼互动过程中教师的情感态度是否积极、温暖与幼儿是否能建立自信心和安全感具有显著相关。1988 年，亚历山大等的研究也指出，师幼之间建立积极的关系，能使幼儿快速地融入幼儿园的生活。还有研究者应用课堂互动评价系统针对师幼关系对于幼儿社会性发展的影响进行了追踪研究，发现在幼儿园中与教师建立积极关系的幼儿在入小学后表现出较强的社会适应能力。国内有关师幼互动对幼儿影响的研究发现与国外大致相似。呼琼霞、马珍珍提出了师幼互动对幼儿社会能力、语言能力发展以及自我概念形成有着重要的影响。[①] 杨玥、吴琼发现师幼互动质量对幼儿社会性、学业成绩及语言发展有较大影响。[②] 从深度学习角度来看，师幼互动的质量对幼儿深度学习有直

---

① 呼琼霞，马珍珍. 国内外师幼互动的研究进展 [J]. 中小学心理健康教育，2015（24）：4.

② 杨玥，吴琼. 师幼互动对幼儿发展影响的现状述评 [J]. 中国校外教育，2018（7）：2.

接且重大的影响。在高质量的师幼互动中，教师能够在理解幼儿想法与感受的前提条件下，促进幼儿更加深刻地理解游戏材料中蕴涵的空间关系、数理逻辑知识等，同时也能够帮助幼儿学习表达与交流，体验深度学习所带来的成功感。与此相反，低质量的师幼互动则会使幼儿无法解决自主游戏中切实的问题，甚至对学习产生消极的情绪体验。以下重点讨论情感支持和教育支持维度对于幼儿自主游戏中深度学习的影响。

## 一、情感支持

情感支持包含积极氛围、消极氛围、教师敏感性、尊重幼儿等维度。情感支持主要关注教师与幼儿之间的积极、正向关系，教师支持幼儿社会性和情感发展的方式，以及教师促进幼儿自主的程度。教师在幼儿自主游戏活动中应该做到以下几个方面：微笑，和幼儿用温暖平和的语气交谈沟通，敏锐地察觉到幼儿需要的额外支持，感受幼儿的感受，及时地用适当的方法处理幼儿遇到的问题，根据幼儿的游戏兴趣或想法为幼儿提供支持和选择。

在幼儿自主游戏活动中，恰当地使用激励性评价，有利于积极情感氛围的营造，增强幼儿的自信，激发幼儿的学习动机和学习兴趣，从而促进幼儿的深度学习。

教师的激励性评价行为是指教师对幼儿激励性的言语和非言语反馈或价值判断，具有即时性、正向性、形成性等特点。运用在师幼互动中的激励性评价，表现为在幼儿取得进步时教师给予具体肯定，当幼儿遇到危机时教师进行及时化解等几种策略。① 借助激励性评价，教师带给幼儿更多的成功体验，不断激发幼儿的内在学习动机，维持幼儿的探究兴趣，促进幼儿深度学习。在幼儿自主游戏活动中，教师运

---

① 叶平枝 . 照亮当下　照进未来 [J] . 学前教育，2019（9）：19-21.

用激励性评价应注意以下几点。

### （一）具体肯定

"具体肯定"是在幼儿表现出闪光点时，教师及时捕捉，主动倾听，具体描述幼儿的所作所为，并在运用语言和非语言具体表达之后，对幼儿的闪光点进行总结。

在幼儿园日常教育中，很多教师用"很好""你真棒""你真聪明"等言语表达对幼儿的肯定。这种激励性评价看似传递了教师对幼儿积极的态度，但并不能很好地起到激励作用。

首先，教师对幼儿的评价过于简单、笼统，难以起到激励的作用。幼儿并不能从这种表扬中得到的实质性信息，也很少能从中感受到教师对自身的肯定。教师大量使用随意性夸赞很可能会适得其反，削弱幼儿参与活动的积极性。

其次，教师的评价行为是对幼儿能力的整体性判断，包含个人倾向性，容易让幼儿变得畏首畏尾，不敢尝试新的挑战。

因此，教师在运用激励性评价时，应具体指出幼儿值得肯定的行为，采用具体化评价。这需要教师在游戏活动过程中，花更多的时间和精力去观察了解幼儿，发现幼儿身上真正值得表扬的地方。也只有在观察的基础上，教师才能更加深入地了解幼儿的自主游戏活动，从而通过激励性评价促进幼儿深度学习。

### （二）化解

"化解"是当教师发现幼儿沮丧、焦虑、紧张等时，通过言语或非言语的方式缓解其情绪，使幼儿重拾信心的过程。

"化解"与"发奖品"的不同之处在于，前者是以幼儿为本的教育行为，强调内部动机的激发，而发奖品容易僵化幼儿的自我评价和思维，将幼儿内部动机外化。过度奖励会破坏幼儿内在学习动机，阻碍幼儿的深度学习。

教师在使用"化解"这一师幼互动策略时应该注意以下方面。首先，教师要尊重幼儿的身心发展特点，尊重幼儿期的独特性和价值。其次，教师应能发现幼儿的危机。危机分为发展性危机和境遇性危机两种。发展性危机又被称为内源性危机，是由幼儿能力或身心状况不佳带来的危机；境遇性危机又被称为外源性危机，是由外部环境不佳或意外导致的危机。教师应具备判断幼儿是否处于危机中的能力，分析导致危机的内外原因，只有这样才能帮助幼儿化解危机，从而推动幼儿的学习从浅层学习向深度学习过渡。

### （三）"去标签"

"去标签"是当幼儿被他人贴上各类"标签"后，教师通过评价行为消除他们对自己的刻板印象，让幼儿恢复自信的过程。作为激励性评价的有效手段之一，"去标签"能有效帮助幼儿走出困境。对于被贴上各种"标签"的幼儿来说，"去标签"能够促进幼儿自我意识的发展，从而使幼儿获得积极的自我认知。

在实践中，标签化不时发生，幼儿可能是被动标签化，也可能是主动标签化。被动标签化是指幼儿因为一些特定的行为使教师和同伴对其形成了一些固定的判断和成见，而被教师和同伴贴上标签；主动标签化是指因为幼儿对自己形成了消极的自我评价，而给自己贴上标签。那么，教师应该怎么做呢？

首先，教师应具有发展性思维，用发展的眼光来看待幼儿，相信幼儿不是一成不变的，相信幼儿是不断发展变化的，不贴标签。其次，教师要给幼儿创造更多的机会，帮助幼儿克服内心的不自信，展现不同的自我。再次，教师应寻找标签背后的真正原因。例如，教师发现幼儿"爱打人"背后的深层原因是家长粗暴的解决问题方式，给幼儿做出了不良示范。在这种情况下，教师应积极争取幼儿家庭的支持和配合。

如果在幼儿自主游戏时教师不时对幼儿进行吼叫、威胁，对幼儿进行控制和惩罚，师幼或同伴间常有嘲讽、挖苦等现象，甚至出现频繁的同伴攻击等，则难以支持幼儿的深度学习。

## 二、教育支持

教育支持包含认知发展、反馈质量、语言示范 3 个维度，主要关注教师开展活动的方法，促进幼儿认知、语言发展的质量，以及教师如何使用反馈来帮助幼儿学习。

"认知发展"强调教师能在自主游戏活动中引导幼儿分析问题且为其提供发挥创造力的机会，引导幼儿将所学知识融会贯通，获得认知发展。有的教师为保证活动的顺利进行，常常忽略新内容与先前知识或不同知识点之间的相互关联。知识经验的迁移是幼儿深度学习的重要标志，教师可以通过梳理幼儿经验，帮助幼儿解决认知冲突，助力幼儿建构科学的认知体系，促进幼儿深度学习。

"反馈质量"主要衡量教师的回应是否能有效促进幼儿自主游戏活动中的深度思考，拓展幼儿的理解，提高幼儿的参与度及坚持性，包含提供支架和反馈、促进思考、提供信息、鼓励与肯定等方面。当前，在幼儿的自主游戏活动中，教师的反馈常存在以下问题。一是教师提供的支架有限。恰到好处的支架能够诱发幼儿深入思考，给幼儿更多判断、假设、分析的机会。然而在很多情况下，教师为幼儿提供的支架有限，对于幼儿不正确的反应与行为或错误理解，教师通常直接否定或忽略。二是教师对幼儿的反馈缺乏灵活性，有时反馈非常机械。如对于幼儿的回答，教师往往给予"真棒""不错""很好""对不对""是不是"的刻板回应，缺少相对开放的后续问题。在幼儿自主游戏活动中，开放性的问题可以使幼儿依据自己的生活经验与合理想象，从不同视角来探索问题的多样性。"为什么""怎么样"的问题比"是不是""对不对"的问题更开放，能够给幼儿更多思考的空间和判断推理的机会，引发幼儿的深度学习。

"语言示范"主要指在自主游戏活动中，教师提出开放性的问题，重复或延伸幼儿的应答，描述行为，制订计划。幼儿在自主游戏活动中运用语言的频率和机会相对较高，因此教师的语言引导尤其关键。依据 CLASS 评分系统操作标准，高级语言具体指教师使用词汇的多样性以及教师将词汇与幼儿熟悉的词汇或想法相互结合的过程。当教师频繁与幼儿交流并经常使用高级语言时，幼儿的语言理解与表达水平能够得到进一步发展。然而在幼儿自主游戏活动中，教师使用高级语言的频率较低：一方面，教师使用的词汇缺乏多样性；另一方面，教师很少将高级词汇与幼儿熟悉的词汇或想法相联系。如果教师常用语言描述幼儿的行为或计划，帮助幼儿梳理经验，并重复或拓展幼儿的回答，应能引发幼儿深入思考，深度学习。

## 第五节　教师指导

《幼儿园教育指导纲要（试行）》指出教师应成为幼儿学习活动的支持者、合作者、引导者。同时，深度学习必有教师的引导和帮助。[①] 因此在幼儿的生活、游戏、学习活动中，在以幼儿为主体的同时，教师需要支持幼儿，这是由幼儿年龄的特殊性决定的，也是由深度学习的性质所决定的。自主游戏活动中幼儿的深度学习离不开教师的有效介入和指导，教师的指导能促进游戏向纵深发展，同时促进幼儿积极思考、问题解决能力的提升。教师应在鼓励幼儿自主探究、尝试的前提下给予幼儿恰当的帮助和指导，从而促进幼儿的深度学习。在实践的过程中，教师的自身指导能力会直接影响幼儿自主游戏中的深度学习，以下从指导时机、指导方式、指导策略等方面展开讨论。

---

① 刘月霞，郭华. 深度学习：走向核心素养：理论普及读本［M］. 北京：教育科学出版社，2018：31.

# 一、指导时机

教师指导自主游戏活动的时机影响幼儿自主游戏的发展，恰当的指导时机可以有效促进幼儿自主游戏的深入，反之则会抑制幼儿的游戏，阻碍深度学习。因此，选择指导时机是相当重要的。

通过对以往研究进行深入分析发现，教师指导的时机可以是幼儿寻求帮助、遇到困难、发生认知冲突、沟通困难、不安全、不投入、违反规则、出现偏激行为、发生纷争、情绪不佳、一直重复、不断变换、无所事事、缺少材料、缺乏技能等时。其中按照必要程度，可将指导时机划分为需要指导和灵活考虑这两类。只有把握好游戏的指导时机，才能促进自主游戏中幼儿的深度学习。

在教育教学实践中，教师大多是为主动了解幼儿的游戏情况而产生指导行为。在这个过程中，教师往往因为缺乏对幼儿游戏的深入观察，而没有获得预想中的指导效果，有时甚至会阻碍幼儿的游戏，影响幼儿的深度学习。因此，教师在指导幼儿自主游戏之前，需要通过深入观察来寻找适宜的时机。

教师只有通过观察，才能了解幼儿的兴趣、发展需求、游戏进展、存在问题以及当前发展水平。如何做到深入观察呢？首先，教师需要有足够的观察时间。当教师不确定是否要对幼儿游戏进行指导的时候，更应该继续作为观察者，对幼儿游戏进行仔细深入的了解。其次，在观察幼儿游戏的同时，从幼儿的表情、语言、行为等方面了解幼儿的游戏体验、游戏意愿、游戏兴趣和游戏需要。教师需要考虑幼儿的体验与意愿，根据幼儿的兴趣与需要来对其进行指导。当教师的指导违背了幼儿的意愿与需求时，很难收获良好的指导效果，甚至可能会干扰幼儿的游戏。除此之外，教师应该掌握科学的观察方法。邱学青曾指出 3 种常用的游戏观察方法，包括扫描法、定点法和追踪法。扫描法是指教师对全体幼儿的游戏情况进行巡回观察；定点法是指教师固定在某一个地方对该区域内的幼儿进行观察；追踪法是指教师对个别幼儿进行长时间的跟踪观察。教师在实际游戏情境中可以灵活使用这 3 种方法对幼儿进行观察。最后，教师还可以设计观察记录表，对幼儿游戏行为与状态进行观察和记录，在了解幼儿当前游戏情况与发展水平的同时，了解幼儿游戏的发展与变化。

如何通过对幼儿游戏的观察，寻找适宜的指导时机呢？首先，观察幼儿的游戏状态，当幼儿处于积极愉悦的游戏状态时，教师可以不对其进行指导。当幼儿出现消极的游戏状态，比如不投入、一直重复、不断变换、无所事事、难以沟通等时，教师可以利用提问激发幼儿的兴趣，引发幼儿的思考或者扮演游戏角色加入游戏。当幼儿在游戏中遇到问题时，也要注意为幼儿保留一定的自由探索空间。其次，教师可以在观察的基础上尝试以游戏者的身份参与幼儿的游戏，在和幼儿共同游戏的过程中增加对幼儿游戏的了解，进而针对游戏情况进行指导，帮助幼儿提升游戏经验。教师以参与者的身份向幼儿提供支持，更容易被幼儿所接受。最后，在寻找适宜的指导时机时，要尊重幼儿的兴趣与需要，不强求，不干涉，尝试以协商的语气与幼儿进行平等交流，促进幼儿提升游戏经验，开展深度学习。

## 二、指导方式

教师指导方式可以分为直接指导和间接指导。直接指导包括以自身为媒介进行的语言指导、非语言指导等。间接指导包括以材料、游戏角色或幼儿伙伴为媒介进行的指导等。根据指导程度，可将指导方式分为无回应、被动反应、一般指导、权威控制、深入指导等。

在教育教学实践中，教师的指导方式多以语言指导为主，其他指导方式较少。教师偏向使用单一的指导方式会影响指导效果。因此，教师需要综合使用多种方式，灵活指导幼儿的自主游戏活动，促进幼儿的深度学习。

　　首先，教师可以根据不同的游戏情境选择不同的指导方式。例如在角色游戏中，教师可以通过扮演角色加入幼儿游戏，也可以为幼儿提供一些材料对其进行指导；在幼儿进行规则游戏时，教师可以使用一些标志对幼儿进行暗示，也可以借助同伴来进行榜样示范；在幼儿进行结构游戏的时候，教师可以为幼儿提供相应材料支持幼儿游戏，可以通过语言提问引发幼儿思考等。

　　其次，教师可以针对不同的幼儿采用不同的指导方式。如对于喜欢重复某一游戏的幼儿，教师可以为其提供新材料进行引导。

　　最后，教师可以根据幼儿在游戏中的状态与反应来灵活调整指导方式。当幼儿遇到困难停滞不前时，教师可以用语言引导或提供材料等；当幼儿在游戏中出现矛盾时，教师可以提出建议；当幼儿积极投入游戏时，教师可以继续观察、深入了解，在适宜的时机采用合适的方式对其进行指导。

　　总而言之，教师应该根据不同的游戏情境、不同的幼儿特点、不同幼儿的游戏反应，灵活选择多样化的指导方式，综合使用直接指导与间接指导相结合的方式来实现最大的指导效果，促进幼儿自主游戏活动中的深度学习。

## 三、指导策略

　　教师在自主游戏中对幼儿的引导与支持，对幼儿从浅层学习向深度学习过渡必不可少。教师指导策略的选择对幼儿的游戏发展及潜能开发都具有深远意义。教师有效的指导策略应以对幼儿游戏充分的观察、对幼儿个性特点和学习方式的了解为基础，并且根据幼儿的表现和游戏发展需要及时调整。

　　教师对自主游戏活动的指导存在一些共性策略，如创设环境、提供材料、观察指导、参与指导、讨论和同伴互动等。结合幼儿园自主游戏中促进幼儿深度学习的教育实践，以下从情感氛围、班级管理和教学支持 3 个方面总结梳理 12 种指导策略。

## （一）情感氛围

### 1. 激励评价

幼儿的深度学习需要高度的主动性和积极的情感投入，在自主游戏中，教师要随时给予幼儿鼓励和支持，利用具体肯定、化解消极情绪、"去标签"等方法，提升幼儿的自信心和主动性。

### 2. 观察解读

自主游戏活动需要教师用足够的时间和精力来观察、分析、解读幼儿，如观察幼儿在游戏中表现出的能力水平，分析幼儿的游戏行为等，从而获得较为客观、真实的信息，以便做出科学有效的教育决策，促进幼儿进一步发展。

### 3. 同伴支持

《幼儿园教育指导纲要（试行）》指出，幼儿同伴群体及幼儿园教师集体是宝贵的教育资源，应充分发挥这一资源的作用。幼儿与同伴之间是一种更加平等的关系，幼儿也更加愿意接受来自同伴的建议。教师利用幼儿同伴对幼儿游戏进行指导，既为幼儿游戏的顺利开展提供支持，又促进了幼儿之间的交往与互动。

## （二）班级管理

### 1. 情境创设

丰富、真实的游戏情境符合幼儿自身的兴趣与需要，有助于幼儿较快地进入游戏氛围之中，具有挑战性的游戏有利于调动幼儿游戏的积极性。教师有目的地为幼儿创设一定的游戏情境可以帮助幼儿更快地融入游戏。

### 2. 材料支持

通过直接感知获得经验是幼儿学习的重要特点。当幼儿遇到问题或困难的时候，教师提供或借助材料来对幼儿进行指导，能够支持幼儿在自主游戏中的学习与发展。与直接告知幼儿应该怎么做相比，借助材料对幼儿进行指导，帮助幼儿获得直接经验，更利于幼儿在游戏中主体性的发挥。

### 3. 计划制订

在幼儿进行自主游戏前，教师作为组织者不仅要做好材料、环境的准备，更要了解幼儿的知识经验和需求，激发幼儿自主游戏的主动性和计划性，引导幼儿通过制订游戏计划，更加清晰自主游戏的活动目标及任务。

### 4. 反思回顾

回顾环节十分考验教师的专业能力，教师可以结合自主游戏活动过程中的细致观察，灵活地捕捉事件中的教育价值，帮助幼儿梳理、升华经验。幼儿在教师引导下，能够进行有效的反思，对自主游戏活动中的经验进行交流、总结和提升。

### 5. 家长资源

家庭是幼儿园重要的合作伙伴，家长资源是幼儿园开展教育教学活动的重要资源之一。教师可以充分利用家长资源，发挥家长的专业知识背景来促进幼儿的学习与发展。

## （三）教学支持

### 1. 经验联系

教师在对幼儿进行指导的时候，联系幼儿既有的生活经验，帮助幼儿进行迁移，将促进幼儿对新经验的理解与吸收。同时，教师有意识地对幼儿的游戏内容进行引导，帮助幼儿获得连续的经验，能促进幼儿的深度学习。

### 2. 提问启发

幼儿是积极主动的学习者。教师通过提问而不是直接告诉幼儿答案的方式，可以启发幼儿积极主动思考、协商合作、迁移经验，从而解决问题。

3. 隐性暗示

隐性暗示策略强调教师对幼儿自主游戏活动内容和方法的指导不做直接说明，而是把指导蕴含在幼儿自己开展的活动之中。隐性暗示的方法包括提供操作指引图和材料，借助眼神、表情、提问等手段。教师用隐性暗示促进幼儿自主观察、理解、领悟，增强幼儿游戏的主动性与自主性。

4. 榜样示范

榜样示范形象、具体、生动，比一般的说教效果更加明显。教师通过榜样示范，引导幼儿向榜样学习，可以促进幼儿的学习与思考。

# 第三章

## 自主游戏中幼儿深度学习的问题诊断及对策

　　自主游戏中幼儿的深度学习具有强内在动机、有意义学习、由情境带入、整体性学习、以核心素养为中心、以反思为中介等特点。在开展自主游戏的过程中，由于幼儿主体因素及教师支持、师幼关系、同伴关系等外部环境因素，容易出现各种问题影响幼儿深度学习，包括情绪情感问题、认知发展阻碍和经验迁移困难等。

　　本章重点探讨自主游戏中幼儿深度学习的问题诊断及相关应对策略。其中情绪情感问题包括游戏兴趣缺乏、情绪管理能力不足、同伴冲突、畏难退缩等；认知发展阻碍包括问题意识缺乏、思维表浅、计划反思能力不足等问题；经验迁移困难包括知识经验不足、类比迁移能力弱、问题解决能力不足等问题。本章结合实际案例进行问题诊断和策略分析。

# 第一节　情绪情感问题及对策

　　在游戏中，幼儿会产生各种情绪情感问题，而不同情绪情感在一定程度上可能促进或阻碍幼儿在游戏中的深度学习。本节将围绕幼儿游戏兴趣、情绪管理、同伴冲突和畏难退缩 4 个方面，对幼儿深度学习中常见的情绪情感问题进行分析和解读。

## 一、游戏兴趣缺乏

　　兴趣不但能反映幼儿在某领域和某段时间的发展需求，而且能反映幼儿当前的发展水平。在自主游戏中，兴趣起着至关重要的作用。这是由于自主游戏是在自主、自由和轻松的环境和氛围中进行的，幼儿在这种环境中能按照自己最本真的兴趣进行活动和探索。明确幼儿兴趣和游戏之间的关系，对于幼儿发展和教师指导意义重大。

### （一）游戏兴趣缺乏的特点与表现

兴趣是人们探究某种事物或从事某种活动的心理倾向，它以认识或探索外界的需要为基础，是推动人们认识事物、探究真理的重要动机。人对有兴趣的东西会表现出积极性，并且产生某种肯定的情绪体验。指向性、情绪性和动力性是兴趣的特征。当人有兴趣地进行探究活动或者进行某种认知活动时，经常会获得满意和开心的积极情绪。兴趣是连接儿童的内心世界与外部世界（包括自然、社会与文化世界）之间的桥梁，是连接儿童与人类文化的纽带，它昭示着儿童进一步发展的趋向，是教育过程中需要考虑的一个重要因素。[①]

自主游戏是幼儿在自主、自由和轻松的氛围中，根据自身的兴趣、需要和发展水平自主选择、探究的一种游戏，幼儿在游戏中处于主体、主导和支配的地位。自主游戏基于幼儿的兴趣，同时又能反映幼儿的发展水平。布鲁纳曾指出，游戏活动本身比游戏结果更重要，因为游戏为幼儿提供了一个极其轻松的环境，使幼儿可以毫无压力地在其中探索、尝试各种行为方式。[②]自主游戏非常尊重幼儿的自发性和主动性。幼儿在游戏中的主体、主导和支配地位，表现在游戏内容、游戏规则、游戏伙伴等多个方面。但有时幼儿在自主游戏中也会缺乏兴趣，具体表现为兴趣持久性、广度和效能的缺乏。

1. 游戏兴趣持久性差

游戏兴趣持久性是指幼儿在游戏中对某事物感兴趣的时间。幼儿在游戏中持续的时间越长，表明兴趣稳定性越强，反之则稳定性越弱。兴趣稳定性差，主要表现为在一段时间内不能坚持进行某一游戏活动，或常常变换游戏材料和游戏场地，在游戏中容易受周围环境的影响，

---

① 王有升. 论教育学中的"兴趣"概念：内涵与理论建构 [J]. 全球教育展望, 2007 (7)：27-31.

② 张文杰. 以游戏为基础的学前儿童发展评价的可行性论述 [J]. 新课程（中旬）, 2014 (1)：168-169.

兴趣发生转移。尤其是在游戏中遇到困难的时候，不易坚持，很快地选择别的游戏活动或操作另外的游戏材料，容易被身边其他活动所干扰等。例如，今天淇淇选择了数学区"电影院"的游戏材料。她拿着任务卡摆弄，5分钟过去了，只放了两三个小动物。又过了几分钟，她放下了手中的材料，看着摄影区的小朋友们拍照。再如，在区域自选环节中，铃铃做的选区计划是科学区。她拿了一份称重的材料，还没展开就又选择了一份探究颜色的材料，之后选择了一份探索声音的材料。过了一会儿，听到表演区的小朋友正在跳最近学习的舞蹈，她又把进区卡换到了表演区，和表演区的小朋友们一起表演了。

2. 游戏兴趣广度欠缺

兴趣广度是指个体感兴趣事物的多少。兴趣相对广泛的幼儿对生活中的很多事物和活动感兴趣，而兴趣相对狭窄的幼儿则关注的事物和活动相对较少，游戏中有的幼儿经常只倾向于注意或选择某一类型的活动，面对多种类型的游戏活动时表现为选择困难或者不愿意做选择。例如，在区域自选活动中，雯雯经常选择角色区进行活动，每次在角色扮演中，她总是选择扮演妈妈的角色，重复同样的情境扮演和话语。

3. 游戏兴趣的效能不足

兴趣的效能也是兴趣品质之一，指兴趣所产生的效果。幼儿游戏兴趣的效能不足主要表现为：兴趣的动力不足，驱动行为的能力差，注意力容易分散，很快停止游戏，转做其他的事情或者试图加入身边其他幼儿的游戏；容易受到周围环境其他因素的干扰，遇到困难和需要解决的问题不能坚持；从表情和言语动作透露出的愉快体验较少。例如，在角色区，梓霖、彤彤和文文换上不同角色的服装，随着音乐随意地跳。将近20分钟，3位小朋友在游戏的玩法上都没有什么变化。他们在游戏的过程中，没有尝试创设故事情境、编排与音乐合适的动作、确定出场顺序或创编有逻辑性的对话等。

## （二）游戏兴趣缺乏产生的影响

兴趣是能力发展的信号和象征，能力是兴趣发展的结果与表现。兴趣让幼儿得以将认识和行为统一，积极主动地去发现、探索自己感兴趣的领域。幼儿身体、心理等方面正在迅速发展，兴趣对幼儿的发展具有非常重要的作用，幼儿游戏兴趣的缺乏将对其发展产生一定的影响。

1. 不利于幼儿的全面发展

游戏兴趣缺乏的幼儿，特别是游戏兴趣广度相对缺乏的幼儿，由于其经常重复某项活动，获得的核心经验有限，不利于其全面发展。幼儿只有对各领域的不同活动、对身边的事物都有探究的欲望并付诸行动时，才能实现全面发展。

2. 难以激发和维持幼儿的探索欲望

幼儿的深度学习发生在探究问题的背景之下。兴趣不专注、不稳定和不深入的幼儿，对于发生的问题不能保持持续、稳定和深入的探究，难以产生探索欲和求知欲，不利于深度学习的发生与发展。

3. 不利于幼儿专注力和问题解决能力的发展

兴趣稳定性差，意味着活动缺乏持久性。他们不但经常更换探索活动的内容和类型，在遇到困难的时候也容易放弃，当下的活动很容易被另外的兴趣所代替，兴趣转移速度快。尤其是在遇到困难的时候，常常半途而废。这不利于幼儿专注力和问题解决能力的发展。

## （三）游戏兴趣缺乏的原因分析

1. 幼儿内在动机不足

布鲁纳强调内在动机的作用，认为内在动机是推动学习的真正动力。内在动机在心理学上指的是人们做某一件事情的目的，是指向这件事情本身的，因为在做这件事情的时候，人们可以获得情绪上的满足和愉悦。在自主游戏中，拥有强内在动机的幼儿会自发地进行游戏，享受游戏带来的快乐。但是如果幼儿内在动机不足，就可能出现对游戏不感兴趣的情况。

2. 游戏情境缺乏吸引力

游戏情境对于幼儿来说，是一种重要的教育资源，为了有效促进幼儿在游戏中的发展，教师需要进行游戏情境的创设和利用。游戏是否能够持续而有深度地开展，游戏情境起着非常重要的作用。游戏情境和游戏兴趣是相互联系又相互制约的关系。如果游戏情境创设不佳，幼儿则不容易对游戏形成注意，产生兴趣。

3. 幼儿自主选择权不足

自主游戏最大的特点就是幼儿的自主性，但在游戏中容易出现"假自主"的现象，如幼儿的游戏意愿未得到尊重，游戏的规则、玩法、同伴等大多数由教师来决定。有些教师往往以指导者的身份观察、介入游戏，将自主游戏引向教师预设的方向。在这种情形下，幼儿自主探索的权利未受到尊重，幼儿游戏兴致不高，积极性受挫。

### （四）案例及策略分析

**案例3-1**

#### 新闻角：新闻播报员

在今天自主区域活动时间计划环节，教师重点推荐了"新闻角"，易辰和乐昕很开心地选择了进入新闻角进行游戏，这让平时备受冷落的新闻角看起来有点不一样。

两位小朋友一起来到新闻角，先拿起"化妆品"和道具，对自己进行装扮。乐昕拿着眉笔，假装给自己画眉毛，两人相视而笑。

易辰："你的眉毛都画歪了，你要照着镜子画。"

　　乐昕："可是我没找到镜子。老师说播报员为了向观众展示良好的形象，都是要化妆的。这样我没法化妆，我不播报了。"

　　教师走过来说："外面卫生间的墙面有镜子，你可以去看看。"于是两人跑过去照镜子。装扮好自己之后，两人分工合作，易辰负责画画，乐昕负责播报。易辰先画了大大的太阳和白云。乐昕打开电脑，操作一阵，回头问易辰："你画的是什么？"易辰说："是今天的天气呀，多云。"接着，易辰又画了山、水、小花等，说："有个地方，山都倒了，山上的花也死了，有很多水，流得到处都是……"

　　随后，教师充当观众，乐昕开始播报天气。

（案例来源：广州市黄埔区香雪幼儿园　逯丽丽）

**策略分析**

1. 计划制订

计划环节的主体包括教师和幼儿。教师在计划环节讲明游戏规则、重点注意事项，推荐活动等，起着引导的作用；幼儿在计划环节说明自己将要进行的活动是什么，和谁一起进行活动，以及如何进行活动。在自主游戏中，教师要尊重幼儿的自主选择权，但是由于幼儿生活经验较少等原因，对不熟悉、不了解的事物和活动较少产生兴趣和探究欲望，需要适当引导。在案例 3-1 中，幼儿不知道怎么玩新闻角，也没发现好玩的材料。教师利用计划时间进行重点推荐，告诉幼儿可以怎样进行化妆，怎样进行新闻播报，激发了幼儿的游戏兴趣。

2. 观察解读

一位有准备的教师能够"看见"幼儿，敏感地捕捉幼儿需要支持的"信号"。观察能力是支持高质量师幼互动的一项非常重要的能力。案例 3-1 中的教师在活动中细致观察幼儿，当幼儿通过语言表达出对游戏不感兴趣、即将终止游戏的时候，及时予以回应，用短短的一句话让幼儿感受到教师的关注，从而支持幼儿的游戏活动。

3. 材料支持

合适的材料支持幼儿游戏的持续进行和深度发展。在案例 3-1 中，教师通过对区域活动的观察和反思，认识到幼儿对新闻角的材料缺乏探究的兴趣，同时幼儿的思维以具体形象思维为主，于是投放了与游戏情境相适宜的电脑、支持幼儿播报的小黑板等材料。当幼儿在游戏中遇到困难的时候，又提供更适合的材料。材料的支持有助于幼儿在游戏中进行深度而持续的学习。

---

**案例3-2**

### 数学区：钱币兑换

区域活动时间，承志来到数学区，拿起钱币兑换练习卡。只见他随便翻了翻，马上就要放回去。教师走过去，说："承志，我来考一考你吧!"说着拿起一个 10 元游戏币，问："一张 10 元可以兑换几张 5 元?"

承志看了一下，说"两张"。教师又拿出 20 元兑换 10 元的，承志也很快回答出来。游戏难度加大，教师拿出 5 元兑换成 1 元的，承志认真地进行点数，然后回答说："5。"

　　这个材料可能对于承志来说难度不大，于是教师拿出 100 元兑换 10 元的。承志拿到之后，进行点数。他按 5 个一组排列，回答说："5。"

　　教师问："100 元只能换成 5 张 10 元吗，5 张 10 元是多少呢?"承志拿出小手数着，回答："50。"教师指了指 100 元相对应的 10 元纸币，并从左到右依次用手指点了点。承志很认真地看，并且采用点数的方法，将两组一起数完。随后告诉教师："是 10 张，100 元换 10 张 10 元。"

　　教师又拿出 50 元兑换 5 元的给承志，这次他很快回答正确。

（案例来源：广州市黄埔区香雪幼儿园　逯丽丽）

**策略分析**

1. 情境创设

深度学习以积极情绪为动力。幼儿在面对自己感兴趣的事物时更易产生强烈的学习热情。幼儿的兴趣变化多而快，所以抓住时机非常重要。同时，幼儿游戏具有较强的情境性，丰富的游戏情境符合幼儿的自身兴趣与需要，有利于充分调动幼儿游戏的积极性，为游戏的顺利进行打下良好的基础。在案例 3-2 中，教师通过观察发现幼儿对材料有所关注，但随即放弃，显然没有对材料产生兴趣。教师抓住时机，立刻创设一个"考一考你"的游戏情境，让幼儿产生游戏的兴趣并更快地融入游戏，提升了活动效果。

2. 观察解读

在自主游戏中，观察解读幼儿的游戏能力和游戏水平，适时提升游戏难度有利于持续推进幼儿兴趣。具有挑战性的环境和任务有利于幼儿思维的发展。在案例 3-2 中，在与幼儿的游戏互动中，教师通过观察了解幼儿在数的分解方面的水平，在适当的时候提升游戏难度，不断激发幼儿探索的欲望。

3. 隐性暗示

在有些情境中，往往不需要教师过多话语，就能启发幼儿发现问题和自我反思。在案例 3-2 中，教师发现幼儿没有经过认真的思考和点数就说出答案，于是没有继续提问，也没有用语言进行讲解，而是用手指按顺序点 10 元纸币的方法，引起幼儿的注意。在这个过程中的隐性指导体现了教师的教学智慧。

## 二、情绪管理能力不足

近年来，社会和学界对幼儿行为发展和情绪之间关系的关注及研究兴趣日益增加。情绪体验、情绪表达、情绪调节和情绪控制等都是人格发展的基础，对幼儿社会交往能力的发展有着重要的作用。同时，幼儿在社会交往过程中逐渐形成的行为特点和方式对今后的发展有着很大的影响，其中，情绪管理能力尤为重要。

### （一）情绪管理能力不足的特点与表现

幼儿情绪管理能力分为情绪理解能力、情绪运用能力及情绪调控能力 3 个方面。[①] 幼儿情绪管理能力不足主要表现为幼儿在生活和游戏

--------

① 李昕然 . 3—6 岁幼儿情绪管理能力发展现状及家庭影响因素研究［D］. 福州：福建师范大学，2018.

中，对自己和他人的情绪理解能力低，情绪运用和情绪调控能力缺乏。幼儿的情绪管理能力不足具有以下特点。

**1. 情绪理解能力较低**

幼儿的情绪理解能力包括对自身情绪的知觉理解能力和对他人情绪的知觉理解能力。相比而言，幼儿对自身情绪的知觉能力较强，对他人情绪的知觉能力较低。例如，宇灏和誉誉都在数学区操作"送外卖"的材料。在对材料的探索阶段，宇灏很快就掌握了操作技巧，一直拿着材料在进行操作，而誉誉貌似有点插不上手。几分钟后，誉誉生气地把材料盒内的卡片弄乱，生气地说："哼，让你找不到送的餐。"宇灏这时还是专注于任务，并没有发现身边的小伙伴有些生气了。

**2. 情绪运用能力较差**

在游戏过程中存在着幼儿情绪运用能力相对较差的现象，如幼儿对同伴伤心时的安慰行为多于发生争执时的主动劝和行为，多于对同伴行为的称赞。

**3. 自我情绪调控能力欠佳**

幼儿情绪调控能力指的是幼儿对自身情绪进行控制与调节的能力，包括自我情绪调控能力与借助他人调控情绪能力。幼儿在生气时候能够听从成人的劝导，情绪不会完全失控，但在与同伴发生争执或冲突时，控制情绪的能力较差。

例如，在积塑区，彬彬、轩轩、欣华各拿了一筐材料准备搭建停车场，彬彬想要更多的搭建工程车的材料，于是从轩轩和欣华的材料筐里"搜刮"了小人、轮子和履带等材料。轩轩见状，立刻把彬彬拿走的材料拿回来，并激动地说："你干什么！我也不够啊，你拿了我就不够啦！"这时，教师来到他们身边说："没关系，反正大家是一个小组，用完了可以再去找一找有什么其他可以替代的材料。"轩轩听了后马上自己搭建起来。

## （二）情绪管理能力不足产生的影响

### 1. 影响游戏中正常的人际互动

研究显示，幼儿情绪控制能力和同伴偏爱、社会适应性之间高度正相关。我们通过观察很容易发现，经常保持积极的情绪且善于控制、调整情绪的幼儿普遍为受欢迎的游戏伙伴。受欢迎的原因在于，他们在与同伴互动的过程中积极情绪较多，并能够控制情绪，所以会产生更多积极的、高质量的互动。反之，因为情绪管理能力不足，容易生气、埋怨或者畏缩不前的幼儿，会引起同伴群体不愉快，可能会造成自身不被接纳、不受欢迎的情况，影响正常的人际交往。

### 2. 不利于幼儿全身心投入游戏

情绪系统和认知系统是信息加工过程中的两个子系统，如果在游戏的过程中幼儿经常因为一点小事就产生消极情绪，或者过于兴奋、激动，那么在与他人以及环境互动中，将很难做到全身心地积极投入并获得相关核心经验，从而阻碍深度学习。

## （三）情绪管理能力不足的原因分析

### 1. 教师的榜样作用缺乏

幼儿时期是一个人情绪智力形成的重要时期。上幼儿园以后，每天接触得最多的角色是教师。对于幼儿的社会性发展而言，榜样示范的影响颇大。教师本身的情绪管理能力不足会影响幼儿情绪管理能力。

### 2. 家庭教育的忽视

斯金纳和维尔伯恩在研究中发现，当幼儿经历负面情绪时，如果家长积极地支持幼儿，帮助幼儿管理自己的情绪，将有利于幼儿社交能力的发展，降低社会互动对幼儿带来的消极影响。[①] 但是，不是所有的家长都能够做到注意并理解幼儿的情绪，并给予幼儿方法和情感的支持，这不利于幼儿情绪管理能力的发展。

### （四）案例及策略分析

案例3-3

#### 美工区：她把这里弄乱了

区域活动进行中，每个小朋友都在自己所选择的区域进行活动。嘉颖和千羽在涂鸦墙画画。

不一会儿，教师听见千羽不满地高声说道："老师，嘉颖把油画棒上面的纸都撕掉了，把这里搞得好脏啊！你看看，这里、那里、地上都是纸片。"嘉颖开始变得有些手足无措，呆呆地看着地面。

教师看着脏乱的地面，反问道："那该怎么办呢？地上有这么多垃圾。在家里如果发生了这样的事情，我们能怎么解决呢？"千羽说："在家里的时候，我看到外婆拿扫地的一扫，家里就变干净了。我们也可以去拿扫把，把垃圾送回家。"这时嘉颖点了点头。

令教师惊讶的是，虽然纸屑是嘉颖一个人制造的，但是千羽很热心地和嘉颖一起去拿了扫把，认真地开始扫了起来。两人不仅把涂鸦墙打扫干净了，还把旁边美工区地上掉的纸片也都一起收拾了。

区域活动结束后，教师轻声跟千羽说："开始的时候你看到地面很乱，很生气，跟老师说的时候有点大声。那时候老师看嘉颖

① 马春红. 父母对幼儿消极情绪反应方式与幼儿情绪理解能力关系的研究［D］. 上海：上海师范大学，2010.

都有点害怕了呢！不过后来，你不但想到了解决问题的好办法，还开心地和她一起收拾。你真会想办法，而且是小朋友的好帮手呢！"

千羽先是不好意思地笑了笑，马上就坚定地说道："对，我的脑袋里面装着很多好办法。"

教师接着引导道："下次遇到了不开心的事情，可以小声点跟我说！我想听你好听的声音。大家也喜欢轻声说话的小朋友哟！"

（案例来源：广州市黄埔区香雪幼儿园　蔡星玥）

### 策略分析

#### 1. 经验联系

教师在幼儿遇到问题的时候，要引导幼儿将当前的问题与以往的生活经验相联系，帮助幼儿将生活中的经验迁移到新经验之中，提高幼儿的问题解决能力，推动游戏的发展。在案例3-3中，教师在幼儿情绪激动时，冷静地引导幼儿分析问题，联系生活经验，寻求问题的解决办法，同时平复情绪。

#### 2. 激励评价

评价对幼儿的发展有着重要的影响。教师基于充分观察做出正向、具体的激励性评价，有利于幼儿创造性地解决问题。同时教师积极的情绪态度可以影响幼儿，促进其在自主游戏中的发展及自我价值的实现。在案例 3-3 中，千羽很好地控制了自己的情绪，并且积极思考问题的解决办法。教师就此与幼儿进行谈话并赞赏幼儿，具体而有针对性地对幼儿的行为进行评价，对幼儿是一种激励。

3. 情境创设

幼儿游戏具有较强的情境性，幼儿的情绪也发生于一定的情境之中。想要促进幼儿情绪管理能力的提升，就需要结合一定的情境对其进行指导。在案例 3-3 中，教师平静地引导幼儿思考问题的解决办法，使千羽不但识别到自己的消极情绪，同时也感受到同伴因为自己生气而有点害怕和畏缩，于是积极地寻找问题的解决办法。教师进一步结合情境引导幼儿以后再遇到不开心的事情时，要学会轻声说话，控制自己的情绪。

案例3-4

**数学区：我来帮你吧**

梓熙很喜欢数学区。他喜欢自主选择、探索操作材料，遇到不会操作的材料很少主动寻求教师或同伴的帮助，而是经常一个人生闷气，有的时候还会红了眼眶。今天的区域活动，和他一起探索的是他的好朋友亮亮。

他们这次选择的活动是他们都感兴趣的"找影子"——将图片上的物体和它的"影子"一一对应。

在上一次进区的时候，他也选择了这个活动，但是由于配对不成功，试了几个就放弃了。教师来到他身边引导他进行操作，反而使其更加失去了兴趣，把材料放回原处。

这一次，梓熙首先拿起一个影子，却很久都没有找到对应的图片。

　　他皱了皱眉头，嘟起小嘴小声说着："这个影子是谁的影子呀？这个好难啊！"

　　一旁的亮亮拿到影子之后总能快速准确地找到相应的图片。教师发现后，拍了拍亮亮，蹲下来轻声对他说："你的好朋友梓熙好像因为没找到影子相对应的物体，有点不开心呢！你能帮帮他吗？"

　　亮亮马上温柔地对梓熙说："别不开心啦！我要是找不到的时候就会看看它特别的地方，然后一下子就找到了。你可以看看我是怎么做的，你会很快能找到的。"

　　梓熙观察亮亮是怎么做的，之后，也慢慢地找到了诀窍：选择影子，不断左右前后翻转调整。他耐心地操作着。最后，两人找到了所有物品的影子，脸上挂着灿烂的笑容。

　　站在一旁的教师感受到了梓熙的成就感，对他说："看来你成功找到了所有的影子，真开心！找到方法，坚持就一定有收获。"

　　放学的时候，教师跟梓熙的妈妈，详细地述说了今天梓熙在区域活动中挑战成功的过程，引导妈妈也可以在家里进行将物体和影子配对的游戏，让梓熙的探究兴趣和成就感保持下去。

（案例来源：广州市黄埔区香雪幼儿园　蔡星玥）

### 策略分析

**1. 同伴支持**

幼儿同伴群体是宝贵的教育资源，应充分发挥这一资源的作用。在有些时候，幼儿也会更愿意接受同伴的意见。在案例3-4中，教师在考虑到幼儿状态及上次介入效果不佳的情况下，利用同伴的影响力进行指导，激发幼儿解决问题的积极性，不但保证了游戏的顺利开展，同时促进了同伴之间的互动。

**2. 榜样示范**

在游戏及互动的过程中，教师和幼儿同伴都可以发挥榜样示范的作用。教师自身保持情绪的稳定，以积极的方式解决问题，可以为幼儿起到榜样示范的作用。同时，幼儿在与同伴、材料的互动中，会关注同伴的行为，同时也会对其进行模仿。

在案例3-4中，梓熙在开始的时候较消极，亮亮心情愉悦地操作材料，这对他起到了正面的影响。同时在亮亮的帮助下，并通过自身的努力，他最终体会到成功的喜悦，不但在情绪管理方面有进步，对区域游戏中材料的兴趣也有提升。

**3. 家长资源**

家庭是幼儿园重要的合作伙伴。虽然当天的区域游戏活动已经结束，但是教师对幼儿自主游戏的指导延伸到了家庭。教师通过跟家长的沟通，传递梓熙在幼儿园成功探索的消息，势必会增强梓熙的自信心，以及继续学习的兴趣。

## 三、同伴冲突

在自主游戏过程中，幼儿之间发生冲突的频率较高。因此，通过对同伴冲突的研究，正确把握同伴冲突的消极特征，积极挖掘同伴冲突对幼儿的发展价值，有着重要的意义。

### （一）同伴冲突的特点与表现

冲突是指两个或两个以上需要同时存在而又处于矛盾中的一种心理状态，可分为内部需要与外部限制的冲突、外部需要之间的冲突和内部需要之间的冲突。①

幼儿同伴冲突是一种人际互动过程，是一种对称性社会互动，即在互动过程中，互动双方都有类似的行动，双方彼此的行为相互依赖、相互制约，构成一个动态的行为流程。② 在这样的互动过程中，互动双方或者单方会因为不一致的目标或者行为呈现出对抗状态。

幼儿同伴冲突可以体现为心理对立和行为对立，具体表现为面部表情的不愉悦、态度上的不予理睬、语音语调的升高、语言的争吵、肢体碰撞或打斗等。在幼儿园中，幼儿同伴冲突类型主要有资源占有引发的冲突、意见分歧或规则维护引发的冲突、肢体动作引发的冲突事件、言语引发的冲突事件 4 种。③

幼儿间的同伴冲突有着以下显著的特点。

### 1. 发生频次高

自主游戏一个显著的特征就是幼儿的自主性，教师在过程中充当观察者和支持者的角色，而不是主导者的角色。在自主游戏中，活动场地一般较大，教师将巡回指导、个别指导与小组指导相结合，控制水平较低。由于社交经验和社交技巧的缺乏，同时幼儿处于具体形象思维占主导的阶段，较多地以自我为中心，导致幼儿与同伴互动交往过程中，冲突事件比较常见。

例如，在一次自主游戏计划环节，静儿很早就吃完早餐，在区域晨谈板上做好了进区计划，这次她选择的是非常热门的泡茶区（最后一个名额）。当教师召集大家进行计划分享的时候，静儿大声对彤彤嚷

① 朱智贤. 心理学大词典 [M]. 北京：北京师范大学出版社，1989：71.
② 周晓虹. 现代社会心理学 [M]. 上海：上海人民出版社，1996：313.
③ 彭国艳. 中班幼儿同伴冲突的特点及策略研究 [D]. 哈尔滨：哈尔滨师范大学，2016.

嚷着："是我先选的泡茶区，你为什么把我的计划卡换走？"彤彤说："我也想进泡茶区。"

2. 持续时间短

同伴冲突多针对当下的事件，持续的时间大多不长。很多时候，前一秒钟还因为分歧而剑拔弩张，下一秒钟双方又喜笑颜开。在同伴冲突发生时，幼儿可能会有很大的情绪波动，影响游戏进程。但很少有同伴冲突延续到下一活动环节甚至持续一整天的现象。幼儿同伴冲突持续的时间在 1 分钟以内的占幼儿同伴冲突事件的大多数。①

例如，在建构区活动时，乐乐每次都会拿上一筐拼搭车的材料拼出一列长长的火车。轩轩这次也想拼一个拖车，但是材料全都被乐乐拿去了。他跑到乐乐身边说："我要搭一个拖车，我想要一个小车当车头。"乐乐说："不行，这些都是我的，我要做一列长长的火车呢！"轩轩生气地在一边跺脚，说："哼！我不跟你玩了，你不分享！老师说玩具是我们大家的，我们要分享。"乐乐眨了眨眼睛，小声地说："要不，我们一起搭吧！我的火车还可以来拖你的牵引车。这样我们就超级厉害了。"于是，刚刚还在争吵的两个小朋友瞬间和好，一起搭了起来。

3. 表现多样化

在自主游戏中，同伴冲突的表现形式较多样，各个环节都有可能发生冲突。如在自主游戏的计划环节，幼儿可能会因为选区人多而争抢进区卡或者发生语言冲突；在自主游戏进行中，幼儿可能因为材料不够、同伴未遵守规则或对规则的看法不一致而起语言争执或者争抢材料。另外，幼儿也可能因有意或者无意的肢体碰撞而起冲突。例如，在摄影区，大家在玩拍照的游戏。大家都想当摄影师，不想当模特。可是静儿一直拿着相机在拍照。彤彤跑过去对静儿说："你都拍了这么久了，都不给我们玩，哼！"静儿说："我还没拍完呢！就是不给你！"

---

① 彭国艳. 中班幼儿同伴冲突的特点及策略研究［D］. 哈尔滨：哈尔滨师范大学，2016.

4. 过程动态化

冲突并不是静止的，也就是说幼儿之间发生冲突后，会由最初的相互对立到逐渐学会向同伴表达自己的意见看法，并接纳对方的观点，由此实现由对立向和谐的转化。[①]

例如，建构活动中，幼儿在一起搭建"游乐场"。公园组在搭建"香雪公园"，他们用的是绿草皮、雪糕筒、干花。这时，野炊组的小颖走到公园组的场地，想拿一些干花作为装饰。公园组的子琳看到了，一把拿下小颖手中的干花，说："这是我们要用的梅花，我们都不够了，你不可以拿走。"小颖说："我们也需要啊！这是大家一起用的！"两个小女孩谁也不让步。不一会儿，子琳指了指沙池方向，说："沙池那里还有很多荷花，你也可以用荷花装饰啊。我去帮你拿一些吧，这样我们就都够用了。"于是两个小朋友又好像什么都没发生一样，一起去搬了一筐美丽的荷花。

**（二）同伴冲突产生的影响**

人们普遍认为幼儿同伴冲突行为是具有破坏性且带有攻击性的消极行为，在幼儿的交往过程中需要极力避免。但是幼儿同伴冲突也可以带来一定的积极作用。第一，冲突的产生可以促使幼儿认识到自己和同伴对于同一问题产生的分歧，也能够更清晰地了解自己的想法和观念，从而在冲突的过程中认识自我，了解他人，提升社会交往能力。第二，解决冲突的过程有利于幼儿冲突解决能力的发展，引导幼儿逐渐去自我中心化。

如果教师对同伴冲突持有"尽量避免"的观点，未正确引导幼儿解决冲突，可能产生以下不良影响。

1. 不利于幼儿的社会认知

在《3—6岁儿童学习与发展指南》社会领域的发展要求中，人际交往是衡量幼儿社会性发展能力的重要维度。"能与同伴友好相处"是

---

① 鞠路宁. 幼儿游戏中同伴冲突解决策略的研究［D］. 济南：山东师范大学，2014.

发展幼儿人际交往水平的重要目标。如果幼儿经常与同伴发生冲突，且冲突没有得到良好的解决，将影响幼儿对自我、他人和人际关系的认知，不利于幼儿亲社会行为的形成。

2. 影响幼儿的社会性和情感发展

在同伴冲突发生的过程中，双方由于需要的不一致会造成对抗状态。激动、烦恼、失落、愤怒等情绪体验具有消极性。幼儿若经常处于冲突状态，会影响情绪和心理健康。

3. 影响游戏的顺利进行

自主游戏为幼儿提供了一种互动情境，从交往过程中，幼儿可以通过即时的反馈认识到何种行为和语言是可以被同伴接受的。① 但是如果整个或大部分的自主游戏时间都用来解决问题、化解冲突，则会影响游戏的顺利进行。

### （三）同伴冲突的原因分析

1. 自我中心的特点

认知发展是一个循序渐进的过程。儿童的特定社会机能只有在相应的认知机能形成之后才能出现，某一年龄阶段社会性发展的特点都可以从相应的认知发展阶段中找到根源。根据皮亚杰的认知发展阶段论，3—6 岁的幼儿正处于前运算阶段。这一阶段的幼儿在思维方面存在自我中心、不可逆和刻板的特点，他们在观察客观物体的时候倾向于运用一种标准或维度。幼儿的社会性发展水平与其认知发展水平相适应，所以在处理自我与他人关系时，幼儿只知道坚持自己的观点，很难从别人的角度看问题并理解他人的观点，表现为自我与他人关系认知过程中的"自我中心主义"。所以幼儿在与同伴交往的过程中容易发生冲突，为达到自己的目的互不相让。

2. 游戏活动的条件

同伴冲突的发生和游戏活动的条件有着紧密的联系，游戏空间分

---

① 李丽君. 幼儿同伴冲突的教育价值及对策初探［D］. 重庆：西南师范大学，2002.

隔和设备安排、游戏空间的密度、游戏材料的数量等对幼儿冲突事件的发生以及幼儿应对冲突的策略都会产生一定的影响。相关学者经过研究得出，2.32平方米是有效的可用空间，超过或低于2.32平方米，幼儿的攻击性行为都会增加。① 同时，在自主游戏中，游戏材料不仅起着游戏的物质支撑作用，也会影响游戏的性质和内容。游戏材料投放数量也影响游戏中幼儿的交往，游戏材料数量过多或者过少都可能引起攻击性行为。

3. 语言沟通能力弱

语言是交往的必要工具，较好的语言表达能力可以让幼儿清晰地表达自己的想法，并理解他人的意愿，促进同伴间的交往。如果幼儿语言沟通能力相对不足，则易导致幼儿在表达自己的想法时存在困难，与他人产生冲突。

### （四）案例及策略分析

案例3-5

#### 建构区：他们不和我玩

今天的区域活动时间，佳泽去了建构区，可过了一会儿，就见他自己坐在一边拼小车，一副无精打采的样子。

教师走过去问："你怎么不去和艺恒他们一起合作了？"

佳泽说："他们都不跟我玩。"

教师追问道："为什么不愿意和你一起拼呢？"

佳泽解释说："他们说我不遵守游戏规则。"

教师："噢，原来拼小车也要学会遵守游戏规则，不然别人就不愿意和你玩了，对吗？"

---

① 邱学青. 学前儿童游戏［M］. 南京：江苏教育出版社，2005：148-149.

他若有所思地回应道："嗯。"

教师见状主动发出邀请："佳泽，老师也想拼小车，我们找艺恒他们一起玩拼车，好吗？"

他点点头。

教师："我也没有拼过小车，需要怎么拼呢？有什么需要注意的地方吗？"随后，大家小朋友一起小声地讨论了一遍游戏玩法，还讨论了有关的规则。

教师："佳泽，你现在知道怎么玩了吗？"

佳泽："我知道了！"

于是3个人的游戏开始了。游戏过程中，教师故意违反游戏规则，如车轮没装好就准备开车，佳泽立刻制止："老师，你违反游戏规则了，要等到全部轮子都装好了才能开。"

（案例来源：广州市黄埔区香雪幼儿园　罗美容）

## 策略分析

1. 提问启发

提问启发策略通过提问来代替直接给出答案，引发幼儿主动思考、发现问题。在案例 3-5 中，教师察觉到幼儿情绪低落，了解了原因，教师并没有直接告知幼儿问题所在，而是通过提问启发幼儿思考，发现原因。

## 2. 反思回顾

反思回顾的环节可以在游戏结束后或游戏中进行，阶段性的反思回顾有利于幼儿及时获得相关经验。在案例3-5中，教师发现核心问题是佳泽的规则意识不强，于是在游戏中巧妙和幼儿回顾了游戏的规则。通过简短的反思和总结，教师帮助帮助幼儿更好地掌握游戏规则，助推游戏的顺利进行。

## 3. 隐性暗示

教师作为游戏伙伴加入游戏，可以起到隐性指导的作用，启发幼儿自主发现问题和深度反思。在案例3-5中，教师在游戏过程中故意违反规则，正是因为教师"故意捣乱"的这个举动，使幼儿意识到了不遵守游戏规则的不良后果，知道了遵守游戏规则的重要性。

### 案例3-6

#### 科学区：大家都抢着玩怎么办?

科学区有一份直观感受声音传播的材料，但一直无人问津。最近的主题活动和声音有关，于是在晨谈前的等待时间，教师和小部分幼儿提到了这份材料，并说如果对这份材料感兴趣的话可以进区操作。很多幼儿都萌发了想要体验一下的想法。

餐后区域活动时间，几个幼儿到科学区去放自己的进区卡。欣华第一个拿到探索声音传播的材料，之后立即请伟文去厕所端了一盆水过来。

几个幼儿围在一起。只见欣华敲击金属部分，然后把金属部分放置到水里。新玩法吸引了很多幼儿围观。蓝蓝说："我来我来，我也要来敲。"睿彬说："我来放水里。"场面有点混乱，探索活动眼看着就要终止了。

欣华和伟文跑来投诉："老师，是我们俩先拿到的，他们一直都在抢，好吵啊！"教师说："那你们能不能想一想用什么方法解决大家都想玩的问题呢？"

过了一会儿，教师发现，幼儿已经自觉地排起了长队，一个接着一个有序地进行探索。每个幼儿敲一下，放在水里看水面的变化，睿彬的敲击力度和放进水里的速度适中，还能看到水花溅起来呢！

（案例来源：广州市黄埔区香雪幼儿园　蔡星玥）

**策略分析**

1. 启发与引导

针对幼儿操作特定游戏材料频次不高的现象，教师巧妙地利用时间和小部分幼儿进行探讨，并引导感兴趣的幼儿进区操作。

2. 提问与支持

教师是幼儿在自主游戏过程中的共同构建者与支架提供者。教师应当认真观察、记录、分析、解读，识别幼儿的游戏行为，为有效支持与引导寻找依据。

在案例 3-6 中，很多幼儿都对材料非常感兴趣，抢着要去体验。那么问题就出现了：这么多人想玩怎么办？后到的人直接过来抢，打断了实验的进程，怎么办？教师观察到了幼儿争抢以致活动不能正常进行这一现象，但并没有急忙去介入处理。待幼儿感受到问题，向教师寻求解决办法的时候，教师也没有马上给出答案，而是通过问题，引导幼儿思考如果想继续玩下去，该怎么解决。教师的等待是值得的，幼儿开始自觉排队、轮流玩，找到了解决办法。

## 四、畏难退缩

在自主游戏中，很多幼儿会表现出畏难退缩的行为，导致游戏止步不前。畏难情绪是一种消极情绪，它影响人的进取心和创造精神。退缩是指幼儿遇到困难时表现出害怕问题、回避问题的状态。

在寻求知识、获得经验的过程中，幼儿难免会遇到各种真实的困难，不够自信或者意志力不够强的幼儿很容易产生畏难情绪。尤其是在遭遇失败之后，有一部分幼儿会对游戏失去信心，甚至产生放弃游戏的念头。

### （一）畏难退缩的特点与表现

畏难退缩表现为幼儿不愿意参与游戏或无所事事等；在遇到有难度层级的游戏活动时，倾向于选择简单的游戏模式，重复以往的游戏行为，不愿意接受挑战。

在自主游戏中，幼儿遇到困难时往往采取消极的态度，甚至放弃游戏，这是畏难退缩的重要表现形式。例如幼儿在区域活动中遇到问题时会说："好难，我不想玩了。"

### （二）畏难退缩的影响

在自主游戏中，幼儿畏难退缩最直接的影响就是游戏的停滞不前，甚至是终止。教师应在充分观察的基础上，选择适当的时机、适当的方式给予支持，使幼儿找到突破口。

在自主游戏中，幼儿可能会遇到各种困难，显然，畏难情绪和退缩行为是一种逃避的做法，不仅不能解决游戏中的问题，不利于核心经验的理解和掌握，长久下去还会使幼儿对自己产生怀疑，认为自己不能胜任，导致幼儿自我效能感降低。

### （三）畏难退缩的原因分析

1. 游戏难度超出幼儿最近发展区

最近发展区指介于幼儿现有能力与可能达到的发展水平之间的一个潜能范围，在这个区域内，幼儿可以在成人和其他技能熟练的同伴帮助下完成自己独自无法完成的任务。幼儿的最近发展区是一个动态的区间，在一定条件下可以转变为现实的发展水平。但如果教师未把握好幼儿最近发展区，忽视幼儿现有发展水平，对幼儿提出不当的发展要求，会导致幼儿即使"跳一跳"也达不到目标。长此以往，幼儿会对自己的表现不满意、不自信、畏难退缩。

2. 幼儿个性的差异

幼儿的个性会对幼儿游戏产生非常大的影响。在游戏情境中，不同个性的幼儿在应对方式上存在差异。如有些内向的幼儿可能较多选择自己熟悉的、挑战性不大的活动，面对有挑战性的活动很容易表现出畏难退缩的情绪；而有些幼儿可能会选择未知的、具有一定挑战性的活动。

3. 幼儿自我效能感不足

班杜拉认为自我效能感是指人们对自身能否利用所拥有的技能去完成某项工作的自信程度。当幼儿在反复挑战的过程中获得成功经验和成就感时，他的自我效能感就会提升；如果幼儿在游戏以及尝试、探索和挑战的过程中，未能获得成就感，自我效能感就会降低，容易在未来的游戏中产生畏难情绪，不敢轻易挑战。

## （四）案例及策略分析

案例3-7

### 新闻角：创编故事

今天的混班区域活动时间，新闻角来了两位其他班的幼儿——洋洋与乐乐。他们打开电脑胡乱敲键盘，教师走过去说："洋洋，你的后面有新闻稿，你可以把它拿出来进行广播。"

洋洋拿来之后说："可是我不会广播呀！"

教师说："洋洋，这个不难，新闻稿上有图画，还有文字。"

"可是我也不认识字啊！"洋洋有些抗拒。

"新闻稿上都配有图画的，你可以选择一幅喜欢的，认真观察，然后进行播报，老师相信你可以的。"在教师的再三鼓励之下，洋洋和乐乐终于开始翻看新闻稿。

洋洋和乐乐选择了第一幅画开始播报，悦悦站在一边围观。

"悦悦，你坐在这里当小观众可以吗？"教师发生邀请。

"好啊。"悦悦兴致勃勃地说。

洋洋和乐乐看到来了观众，更加认真了。

洋洋观察了一会儿，发现上面写的字有一些是他认识的，说："爸爸国王，妈妈女王，小公什么？"

"是小公主，那你猜猜，发生了什么故事？"教师说。

洋洋想了一下说："恐龙来把小公主抢走了！"乐乐说："喷火龙喷出的火烧掉了他们的城堡！国王派人来抓这些恐龙……"两人你一言我一语，编出一个完整的小故事，增加了原来画面上没有的恐龙等角色。

"你们的故事编得真有意思，老师都被吸引了。"教师对他俩说。

故事编完之后，两人起身，站在小黑板前，问："老师，这个要怎么玩？"

"你们可以把自己编的故事画下来，一边画，一边讲。或者你们可以玩老师和小朋友的游戏。"教师回答他们。

洋洋一听，拿起粉笔，一边画霸王龙，一边说："霸王龙来抢小公主了……"接着又画出其他形态各异的恐龙。乐乐在角落画出国王与小公主等人物，说："你们这些坏恐龙！士兵，快把他们赶走，小公主跟我来！"两人又将刚才的故事以粉笔画的形式呈现出来。

（案例来源：广州市黄埔区香雪幼儿园　逯丽丽）

**策略分析**

1. 激励评价

在自主游戏中，幼儿说"可是我不会广播呀！""可是我也不认识字啊！"等，说明面对不熟悉的游戏材料时，幼儿出现畏难退缩行为。此时，教师引导幼儿大胆尝试，并及时鼓励和肯定幼儿的行为，帮助幼儿逐渐找到兴趣。

2. 情境创设

在幼儿认真准备新闻播报的故事时，出现了一名围观幼儿，教师迅速抓住了教育契机，邀请这名幼儿作为新闻播报的小观众，营造出更加真实的情境，也有利于幼儿进入情境。

3. 启发提问

在幼儿逐渐克服了畏难情绪，开始阅读新闻稿时，教师遵循从易到难的原则，先从图画着手引导幼儿看图说话。幼儿发现不仅能够看懂图画，还认识其中的一些汉字。这时，教师抓住契机，引导幼儿猜测发生了什么故事，进行故事续编。这个提问一下就打开了幼儿创编故事的开关，促进了幼儿语言表达能力、创造力和多种形式表征能力的发展。

**案例3-8**

### 科学区：人体的器官

子航在科学区逛了一圈后，端出了"人体的器官"这一材料。这是他第一次玩这一材料。子航观察了一番后，打开盒子准备把器官一个一个装进去，可是面对一盒子的小零件，子航有点不知所措："这个怎么放啊？太多了，我不会玩。"

教师引导子航看材料背后的提示图和操作指引。提示图是一张已经完成的人体器官图，提示不同器官所在的位置。子航认真观看后，开始尝试拼装。

他用夹子夹起肺部："这个是蓝色的，还有一个一样的。"他很快把这两个材料放好了。

"你知道这个是什么吗？"教师问子航，子航摇摇头。

"这是我们的肺。"

"你知道我们的肺有什么作用吗？"

"肺是呼吸的。"子航肯定地说。

接着子航又夹起一个红色的材料。"我知道，这个是心脏。"子航根据材料的形状放好了心脏。

"你知道心脏有什么作用吗？"教师又问子航，子航摇摇头。

"我们一起来看看这本小册子吧，里面会告诉你心脏有什么作用。"

子航拿过册子，认真地翻起来："找到了，在这里！"

"我知道了，心脏就像一个发动机一样，把血送到全身。"说着，子航又继续拼剩余的器官。看着他不再气馁、越战越勇的样子，教师起身去指导其他游戏中的幼儿，并用余光关注着他。

子航拿起一个黄色的器官，正想问教师时，发现教师已经走开了。他用求助的眼神看了看教师。教师用手指了指小册子，并用眼神鼓励他。子航会心一笑，主动拿起小册子翻起来。

游戏结束后，在分享环节，教师特别邀请子航来分享他的发现。子航自信地站起来，拿着人体模型说："这个黄色的是小肠，小肠是用来吸收营养的，我们吃的水果、肉、蔬菜的营养都被它吸收了……"

（案例来源：广州市黄埔区香雪幼儿园　黄　晋）

**策略分析**

1. 材料支持

幼儿第一次操作"人体的器官"这份材料，面对一盒子小零件时不知所措，有了畏难情绪，甚至出现退缩行为，并说："这个怎么放啊？太多了，我不会玩。"此时，教师并没有直接示范，而是通过材料支持的策略，引导幼儿观察材料的操作指引和提示图，自学怎样操作材料。

当教师通过提问的方式引导幼儿思考人体器官的作用时，也不是直接告诉幼儿答案，而是再次使用材料支持策略，提示幼儿翻阅人体器官功能手册独立寻找答案，这极大地提高了幼儿的自主性。当幼儿能够根据手册自己学习人体不同器官的功能时，自我效能感得到提高。

2. 提问启发

当幼儿逐渐熟悉材料，能够自信地把人体器官放在对应位置上时，教师抓住教育契机，通过提问的方式引导幼儿思考不同人体器官的作用，激发幼儿的好奇心和学习兴趣。

3. 反思回顾

教师通过组织分享交流，引导幼儿反思活动，不仅可以评价幼儿的学习效果，还为幼儿提供了展示自我的平台，促进了幼儿元认知、自我效能感和主动探索意识的发展。

# 第二节　认知发展阻碍及对策

认知发展是个体在和环境的交互作用中认知结构不断形成和更新的结果。人与环境相互作用的过程就是认知发展的过程。感知、注意、记忆、想象和思维的能力都是幼儿的认知能力。其中，思维是人脑对客观事物一般特性、内部联系及规律性的反映。思维属于认知的高级阶段，包括直觉行动思维、具体形象思维和抽象逻辑思维。发展心理学相关研究认为，幼儿以形象思维为主，逻辑思维刚刚萌芽。① 幼儿深度学习需要认知能力的支持。在多年的实践中，我们发现自主游戏中幼儿深度学习的认知问题主要表现在问题意识缺乏、思维表浅和计划反思能力不足等几个方面。

# 一、问题意识缺乏

问题意识是推动深入思考和深度学习的基础。《教育大辞典》指出，问题泛指机体不能利用现成反应予以应答的刺激情景，狭义上指人不能利用现成的知识（包括概念、规则和方法）达到既定的目标的刺激情景。② 认知心理学则认为，问题就是要解决的疑难。当人们想要达到一个特定的目标，但又不能立即找到达到该目标的合适的路径时，这个人就面临一个问题。③ 在自主游戏中，对于幼儿来说，所谓问题，是指一种情境状态，即幼儿没有现成方法能够马上解决问题，需要不断开动脑筋才能最终解决问题。这里的问题包括常规性问题和创造性问题，并且更多体现为后者，因为创造性问题具有探索性，能够驱使幼儿深入思考，不断展开各种探究活动。

## （一）问题意识缺乏的特点与表现

在认知活动中，"发现问题"这一环节是解决问题的前提条件。发现问题不仅是对新经验的明确与建构，还是对已有经验的反思和改造。幼儿在自主游戏中发现问题主要是指幼儿具有在游戏过程中自主发现问题的意识和能力，浓厚的兴趣是其动力和前提。具体来说，在自主游戏中，幼儿自觉发现问题主要表现在以下两个方面：①幼儿能够在

① 王振宇. 儿童发展新论 [M]. 南京：江苏教育出版社，2000：70-75.
② 顾明远. 教育大辞典 [M]. 上海：上海教育出版社，1990：320.
③ 王甦，汪安圣. 认知心理学 [M]. 北京：北京大学出版社，1992：277.

游戏情境中独立思考，发现真实的问题；②幼儿能够在已有经验的基础上尝试思考问题，表征问题。

幼儿在游戏过程中会不断地提出问题。当幼儿在游戏中感知到真实的问题，而又无法独自解决时，就会在强烈好奇心和求知欲的推动下，正视问题并澄清问题，探索、尝试不同策略，从而加强问题解决的意识，提高问题解决的能力。幼儿主动提出问题建立在发现问题的基础上，具体表现在两个方面。其一，在游戏情境中真实遇到的问题。这些问题阻碍了幼儿游戏活动的发展，是游戏活动中必须解决的问题。例如在角色游戏"小超市"中，幼儿不清楚收银员的角色内容，就无法进行游戏。其二，在游戏过程中幼儿创造性地发现的问题。这样的问题来自幼儿强烈的好奇心与求知欲，它能够对幼儿的创造性思维起到更大的推动作用。例如，在建构活动中，幼儿发现搭建斜坡的木板高度不同，玩具滚落的速度也不同，于是开始探究物体从不同高度斜坡上滚落的速度。

问题意识缺乏主要表现为以下方面。

自主发现问题的意识与能力较低，具体表现为幼儿在自主游戏中出现忽视问题、难以发现问题的情况。例如，在沙水游戏中，幼儿要挖一个小池塘，当他挖好一个坑，将一桶水倒进去后，水很快就消失了，于是他就一直往沙坑里倒水，而不是去思考为什么水会消失。问题意识缺乏在很大程度上减少了幼儿主动提出问题和独立解决问题的机会，不利于幼儿的深度学习。

主动提出问题的意识与能力欠缺。在自主游戏中，幼儿能够发现问题，但难以表征问题，缺乏主动提出问题的意识。例如，幼儿能够在大自然中感知"风能够让风车转动"这一现象，但很少有幼儿能够在操作中进一步探索"风的大小与风车转动速度的关系"这一问题。

解决问题的意识不强。在自主游戏中，解决问题需要幼儿能够发现问题、提出问题、分析问题，并尝试运用不同的方法。由于知识经验的缺乏，幼儿在发现问题之后，往往缺乏积极主动解决问题的意识，常常需要教师的引导和同伴的帮助，部分幼儿在初次尝试失败后很容易放弃，影响深度学习。因此，幼儿解决问题的过程迫切需要教师的指导。

### （二）问题意识缺乏的影响

深度学习要求幼儿灵活运用所学知识来解决真实情境中的复杂问题。幼儿在自主游戏中缺乏问题意识，将影响幼儿学习的自主性，影响幼儿进行深度学习。

问题意识缺乏会降低幼儿学习的自主性。幼儿是自身游戏活动的主导者，问题意识不仅是深化已有知识的重要方法，还是提高思维能力的必要途径，更是培养创新思维和创新精神的必然要求。

问题意识缺乏会阻碍幼儿的深度学习。问题意识是幼儿深度学习的重要特点之一，发现问题、提出问题和解决问题能够帮助幼儿深度学习，提升思维能力。

问题意识缺乏会降低幼儿的自我效能感。问题意识缺乏影响问题的解决，问题解决能够让幼儿有极大的获得感，增进幼儿的自信心，同时进一步激发幼儿的探索欲望，发展幼儿良好学习品质。

### （三）问题意识缺乏的原因分析

幼儿游戏兴趣缺乏。兴趣是幼儿学习与发展的推动力，幼儿一旦对某事物感兴趣，便会主动积极地参与其中，不断探索。兴趣能够激发个体学习与探究，即为幼儿提供一种动力，促进幼儿的活动顺利进行。因此，游戏兴趣有利于幼儿自主性的充分发挥，有助于积极情感的发生与发展，为幼儿的认知活动提供强大的动力，是自主游戏有效开展的基础。反之，幼儿游戏兴趣缺乏会导致幼儿注意力分散，问题意识缺乏。

幼儿情绪不佳。幼儿神经系统发育不完善，对身体的控制水平低，心理发展不成熟，当需要得不到满足时易引发他们的消极情绪。生活中各种需求不能得到及时满足或者来自成人的关注与爱抚未能达到幼儿的要求，也会使幼儿累积不良情绪。在自主游戏中，消极情绪对幼儿影响很大，会影响幼儿发现问题、解决问题。

## （四）案例与策略分析

**案例3-9**

### 养殖区：蚕虫有多长

蚕宝宝来到班级养殖区已经快3周了。上周末，晨曦把蚕宝宝带回家饲养。周一的时候，大家发现蚕宝宝长大了。晨谈时，凡凡说："我觉得蚕宝宝变得更加长、更加粗了。"

晨曦："我也觉得长长了。"

教师问："但是长长了多少呢？"

晨曦："那得量一量才知道。"

于是，今天的区域活动，晨曦和凡凡第一时间拿着尺子和蚕盒开始测量。

测量蚕虫可不是一件容易的事情。肥肥的蚕虫宝宝正在吃着叶子，晨曦拿着尺子开始测量，他把零刻度对准蚕虫宝宝的头，然后看看尾巴所对应的尺子刻度标识，"是6厘米"。

"不对，蚕宝宝刚刚是拱起来的，你看，现在它又变长了。"凡凡说。

晨曦马上也发现了这个问题，蚕宝宝的身体一会长一会短，这可怎么办呢？两人陷入了沉思，似乎没办法解决这个问题。这时，蚕虫为了吃到旁边更嫩的桑叶，把头伸得特别长。教师说："不如量一量现在蚕宝宝的长度吧。"

晨曦熟练地使用刻度尺："这次比上次更长，是7厘米。"

　　凡凡似乎有重大发现："老师，我知道了，我们可以多量几次，然后找到它最长的长度和最短的长度。"

　　于是，两个孩子开始了观察和等待，不一会儿，蚕宝宝好像吃饱了一样，伸了伸懒腰，变得特别长。"快，晨曦，拿尺子来！"凡凡提醒。晨曦迅速拿着尺子开始测量："现在是8厘米。"

　　"但这不是最长的，你看，它的身体中间还是弯弯的。"凡凡说。

　　他俩等了好久好久，终于发现蚕宝宝爬到桑叶的叶脉上，变得笔直笔直。"快，快，快！"晨曦难掩心中的激动，又怕惊扰到蚕宝宝。这次他们测量得到的长度是9厘米。"我知道了，蚕宝宝最长是9厘米，最短是6厘米。"两人的脸上写满了成就感，他们感受到了发自内心的快乐。

（案例来源：广州市黄埔区香雪幼儿园　黄　晋）

**策略分析**

1. 观察解读

　　在案例3-9中，教师根据幼儿晨谈时的讨论，捕捉到幼儿的观察发现：经过一个周末，蚕虫长大了。大家用"更加长、更加粗"来描述蚕虫的变化。这是语言上的模糊描述，蕴含着科学测量方面的教育契机，但幼儿还没有相关问题意识。

## 2. 提问启发

在观察幼儿行为后，教师发现了教育契机，并通过提问启发的策略抛出了问题："但是长长了多少呢?"这个问题激发了幼儿科学探究的欲望，幼儿在思考后决定借助尺子测量。在测量过程中，幼儿又发现了问题：蚕虫时长时短，怎样才能确定蚕虫的长度？幼儿陷入思考，没有答案。此时教师抓住蚕虫为了吃桑叶拉长身体的情境，启发幼儿再次测量。经过再次测量，幼儿顿悟，决定多次测量，观察并记录下不同长度。在整个科学测量活动中，教师通过观察准确把握幼儿的最近发展区，找准教育契机，抛出问题，引导幼儿认真思考并立即进行观察实验，找准时机——蚕缩短的时候、蚕伸长的时候。自主游戏发展了幼儿的观察力和专注力，以及使用测量工具的能力。在区域活动结束后，两名幼儿在分享环节很有成就感地与大家分享活动的发现，自我效能感和问题解决意识均得到提高。

**案例3-10**

### 建构区：纸杯垒高

在建构区里，浩权选择纸杯材料进行垒高。他搭了3层，最底层3个纸杯，中间层2个纸杯，最高层1个纸杯。反复搭了几次以后，浩权开始左看右看，注意力不集中，好像对活动丧失了兴趣。

于是，教师也拿起纸杯开始搭建。教师一层一层地垒高，足足垒了5层高。浩权逐渐被教师吸引了，他认真地看着教师搭建的纸杯，思考了片刻，然后拆掉之前搭建的作品，开始模仿教师的方法。当他在一个纸杯的上面继续搭建另一个纸杯时，总是会发生纸杯倒塌现象。尝试了几次后，浩权说"太难了"，又准备放弃。教师在他旁边重复搭建了一次，并提醒浩权仔细观察教师的动作，浩权很认真地观察，充满信心地又一次搭建，可还是失败了。

　　这时，在一旁的小林提出他想试一试。小林特别自信地说："每次放纸杯的时候都要轻轻的。"小林开始操作，在一个纸杯的上面轻轻地放另一个纸杯，纸杯仍然摇摇晃晃的。他反复观察操作，终于发现了纸杯稳定的秘密。"我知道了，原来纸杯口与另一个纸杯的下面（底部）没有对齐就容易倒。"找到原因后，小林又重新操作一次，这次终于成功了，且搭建的比教师的还高一层。最后浩权也学习了这种方法，终于成功啦。浩权发自内心地笑了，一旁的小林也为他鼓掌。

（案例来源：广州市黄埔区香雪幼儿园　龚清苑）

### 策略分析

1. 榜样示范

在建构区里，浩权在玩纸杯垒高游戏，教师发现浩权总是用同一种方法，一直停留在垒 3 层的水平，并逐渐失去兴趣，注意力开始变得不集中。教师没有说话，而是以平行游戏的方式介入，在浩权身边进行示范，用不同的方法进行垒高，足足垒了 5 层。这一行为引起了幼儿的关注，激发了幼儿的探索欲望，他开始学着教师的方法又一次垒高。可见教师适时的介入指导有利于提高幼儿兴趣，促进幼儿的深度学习。

2. 同伴支持

幼儿学习教师的垒高方法，但多次尝试都失败，马上快要放弃，此时教师再次进行榜样示范，提醒幼儿仔细观察教师的动作。多次的示范也给其他幼儿提供了学习的机会，此时，一旁的幼儿发现了纸杯倒塌的原因，并不断地操作验证，直到成功。同伴的发现和成功经验极大地鼓舞了幼儿。

## 二、思维表浅

深度思维更多指向复杂现实生活问题的解决，通常伴随新知识、新技能的获得。深度思维对于深度学习中学习目标的实现、知识体系的构建和思维层次的提升等都有不可忽略的促进作用。而思维表浅通常表现为认知水平表浅，认知方式为简单描述、机械记忆，认知结果难以实现迁移和应用等。

杜威总结过 4 种常见思维的含义：第一种，凡是脑子想到的都是思维，包括胡思乱想、心中的闪念，比如"今天天气真热，一会去游泳"；第二种，对于自己直接见到、听到、嗅到、触摸到的事物的想法，如"这根冰棒真好吃，下次还买这种冰棒"；第三种，根据某种征象或证据而得出自己的信念，是确认的、默认的、经过了证实或未经过证实的见解，如"红灯亮了，我得停车了"；第四种，人们用心搜集证据，确信证据充足，形成信念，这一思维过程就叫思考，如对于"闪电过后是雷声"这种自然现象背后的原理的思考。本书中讨论的思维是第四种思维。

### （一）思维表浅的特点与表现

在自主游戏中，幼儿思维表浅表现在对知识经验的简单描述、记忆或复制，停留在"知道"的认知水平，难以展开深层次的理解，难以实现经验的迁移和应用，是一种低级认知技能的获得，涉及简单记忆、浅表理解等低阶思维活动，具体表现如下。

认知水平表浅。例如，在中班数学区中，幼儿在教师的引导下，知道可以按照不同颜色间隔排列的规律去穿手链，但是在实际操作中，却是随机选择珠子穿手链。

认知方式为简单描述、机械记忆。在自主游戏中，幼儿通过简单描述、机械记忆的方式进行游戏和学习。例如，在大班语言活动中，幼儿在教师引导下机械地跟读儿歌，不理解儿歌的含义。

认知结果难以实现迁移和应用。幼儿对在游戏中学习的经验没有深层次理解，在新的问题情境中难以实现迁移和应用。例如，在小班户外建构游戏中，教师引导幼儿用纸砖学习错位垒高的技能，幼儿能够很好地模仿搭建，但在用其他积木搭建时却难以自主地将错位垒高的建构技巧进行迁移和应用。

### （二）思维表浅的影响

幼儿思维表浅影响幼儿的学习效能和思维品质，不利于幼儿进行深度学习。

思维表浅不利于幼儿学习效能的提升。幼儿的深度学习着眼于知识的理解和运用，而不仅仅是知识的记忆，涉及问题解决、元认知、批判性思维、创造性思维等高阶思维活动。思维表浅阻碍了幼儿在自主游戏中的探索与深度学习，不利于幼儿学习效能的提升。

思维表浅不利于幼儿思维品质的发展。思维品质是人的思维的个性特征，它表现为深刻性、灵活性、独创性、批判性、敏捷性和系统性等。思维品质能够反映幼儿智力或思维水平的差异。幼儿思维表浅不利于幼儿思维品质发展。

### （三）思维表浅的原因分析

教师问题意识不足。教师的问题意识是指教师能够意识到游戏中存在的各种潜在教育契机，并对其做出积极的反应，这种意识凸显了教师主动、自觉的教学品性，表现为教师对具有教育价值的问题情境的敏感度以及对游戏中幼儿深度学习的价值追问，并且试图引导幼儿找出解决和改善问题的途径。教师问题意识的明显表现是有效提问，它主要包括口头表达、画图演示或简单的肢体表演等方式，其中能够引起幼儿深入思考、激发幼儿主动提问与探讨的问题都可以被称为有效提问。反之，如果教师自身的问题意识不足，就难以在自主游戏的情境中抓住稍纵即逝的教育契机，发展幼儿的深度思维。

幼儿计划能力不强。幼儿计划是指幼儿对游戏进程的安排和对游戏结果的心理预期。引导幼儿制订计划、执行计划和回顾计划不仅能够提高幼儿的自我效能感，增强幼儿的自主性和游戏动机，而且可以促进幼儿思维的发展。幼儿在制订计划时，需要预先思考游戏什么时候开始，什么时候结束，去做什么，和谁一起去做，需要使用什么材料，多少时间可以完成；执行计划时，当实际情况和计划发生冲突的时候，幼儿需要思考如何调整计划解决出现的问题，这些都离不开思维的参与。如果幼儿计划能力不强，不仅容易影响游戏动机，还不利于思维的深度发展。

幼儿缺乏深度学习的习惯。幼儿深度学习是指幼儿在教师的引导下，在较长的一个时段围绕富有挑战性的课题，全身心地积极投入，通过与同伴间的合作与探究，运用高阶思维，迁移已有经验，最终解决实际问题的有意义的学习过程。幼儿深度学习具有强内在动机、有意义学习、由情境带入、整体性学习、以核心素养为中心、以反思为中介6个特点。① 在自主游戏中，深度学习能够促进幼儿发展高阶思维，并运用高阶思维迁移已有的知识经验。具备深度学习习惯的幼儿更容易在自主游戏中认知更加深入，认知方式灵活多样，并可以学以致用，将学习所得迁移到新的情境中。

### （四）案例与策略分析

**案例3-11**

#### 科学区：谁流得远

　　凡凡、晨曦两位好朋友约好一起来到科学区。两人商量了一会儿，选择了"谁流得远"这份材料。两人分工合作，晨曦先去打了半桶水来做准备，凡凡则用双面胶先把几个洞粘住。凡凡熟练地拿出操作记录纸，开始写名字。

　　教师问他俩："这里有3个洞，你们觉得待会儿装满水后把双面胶撕掉会发生什么？"

　　凡凡："水会从3个洞里流出来。"

　　教师："那你觉得水会怎样流呢？哪一个洞的水流得最远？"

　　晨曦："肯定是1号洞流得最远，然后是2号，再是3号。"

　　教师："为什么？"

　　晨曦："因为1号洞最高啊！"

　　教师："凡凡，你觉得呢？"

　　凡凡："我也觉得1号洞流得最远。"

---

　　① 叶平枝，等. 幼儿深度学习课程设计与实施［M］. 北京：教育科学出版社，2022：21-28.

两人把自己猜测的结果记录下来后，迫不及待就开始实验了。

晨曦开始用量杯往瓶子里加水。"快要满了，慢点慢点。"凡凡提醒道。两人目不转睛地盯着3个孔的流水。

"老师，3号才是最远的！"晨曦说。

"2号流得近一点，1号流得最近，而且一会儿就没有水流出来了。"凡凡说。

"我们全部猜错了。"晨曦有点沮丧地说。

教师问："你们知道为什么3号流得最远吗?"两人摇摇头。

教师："你们在水里游过泳吗?"

凡凡："我游过。"

"在水里越往深的地方游越有什么感觉?"教师追问。

"需要更大的力气，我感觉压力更大。"凡凡说，"我知道了，因为3号洞在更深的地方，所以压力更大。"

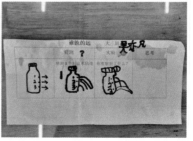

（案例来源：广州市黄埔区香雪幼儿园　黄　晋）

**策略分析**

1. 提问启发

在案例 3-11 中，教师通过"把双面胶撕掉会发生什么""哪一个洞的水流得最远""为什么"等提问，引导幼儿根据已有经验进行思考，并引导幼儿澄清背后的原因，这不仅激发了幼儿的探究欲望和兴趣，还能够帮助教师了解幼儿已有的知识经验基础，从而做出及时的指导。这为幼儿在自主游戏中的深度学习做好了铺垫，促进幼儿灵活性、批判性等思维品质的发展。

2. 经验联系

幼儿通过实验，发现自己根据朴素科学经验做出的猜测完全错误，于是表现得非常沮丧。这时正是引导幼儿进行深度学习、转化其错误概念的良好契机。教师运用回忆生活经验的策略，引导幼儿回忆游泳时越往深处游时身体的感觉，帮助幼儿深入理解为什么 3 号洞孔的水流得最远。

**案例3-12**

### 木工区：机器人站起来了

木工区是本学期新打造的活动区域。今天是浩言第一次进木工区，可是面对胶枪，浩言迟迟不敢动手。在看完教师的示范后，浩言开心地约好朋友朗朗一起进入木工区。

"我们做一个机器人吧！"浩言说。

"好呀！"朗朗有些激动地说。

浩言找来了许多正方形的木片，两人合作，用胶枪固定，制作了一个正方体。"机器人的身体做好啦！"浩言满意地说。

接下来，浩言又找来了树枝，他用一根树枝把正方体撑起来，可是，很快就发现正方体太重，树枝并不能把它支撑起来。思考了很久以后，朗朗又找来了一小块木板，粘在树枝的最底部，可机器人还是站不稳。

这时候浩言过来问教师："老师，为什么我们的机器人立不起来呢？你看，它总是会倒下。"

"咱们来看看，机器人的身体很大，上面比下面重。如果老师的身体这么胖，腿这么细，而且还是一条腿，会怎么样？"教师举例子说。

浩言听教师这么一问，像领悟了什么似的，马上开始他的创作。只见他又选择了一根树枝做机器人的腿。可是问题又出现了，机器人还是站不稳，总是歪着。

"言言，你看看老师身体和两条腿的比例。"教师斜着、歪着、直立着，做着各种姿势，试图启发他发现人体比例。最后，浩言拿来两片小木块粘住树枝底下做鞋子用，小心翼翼地放开手，机器人终于站立起来了！

（案例来源：广州市黄埔区香雪幼儿园　钟结华）

### 策略分析

#### 1. 经验联系

在案例 3-12 中，幼儿在遇到机器人无法站起来的问题时，向教师求助。教师与幼儿仔细分析机器人无法站起来的原因（一方面是头重脚轻，另一方面是单腿支撑不稳定），并引导幼儿联系已有经验，意识到身体下有两只脚进行支撑。经验联系让幼儿恍然大悟，并很快把知识进行了迁移和应用。面对机器人站不稳的问题，教师再次运用经验联系的策略帮助幼儿分析原因，最终幼儿通过用两片小木块给树枝穿鞋子的方式解决了问题。

#### 2. 提问启发

幼儿经验缺乏，对事物的了解程度有限。案例中的浩言只知道人体的基本结构，但没有深入思考人体比例。教师提出要衡量上下重量、调整腿与身体的比例，激发了幼儿类比、推理等深度思维的发展，幼儿最终在多次尝试后获得了成功。

## 三、计划与反思能力不足

计划与反思能力不足往往会导致幼儿游戏停滞不前。良好的计划、反思能力能够帮助幼儿在真实情境中调动自身经验储备，并在问题解决过程中表现出规划、监测、调节行为。

### （一）计划与反思能力不足的特点与表现

幼儿的计划具有灵活性和易变性，总是处在动态发展中，这是因为幼儿以无意注意为主，容易受到外界干扰，而且幼儿的兴趣也容易发生变化。此外，幼儿的计划具有笼统性和短浅性。幼儿做计划的方式有很多种，包括绘画、图文解说、粘贴等，但不管哪种形式都不能将幼儿计划具体化，只是大致表达，具有明显的笼统性。并且，幼儿的思维具有"近视性"，他们在做计划时往往只能考虑到目前的情况，不能预见计划执行中可能出现的问题，因此所做的计划往往体现出短浅的特点。

反思是幼儿对活动进行自我审视、监控、调节的元认知过程。在反思过程中，幼儿发现游戏过程中存在的问题，建立新旧经验之间的联系，将新的经验纳入原有的认知结构中，进一步加深对知识经验和复杂概念的认识，并建构个人的理解，解决实际问题。

在自主游戏中，引导幼儿自己制订计划、执行计划，对计划进行回顾和反思，对幼儿的发展具有重要意义。计划与反思是幼儿在自主游戏中实现深度学习的有效途径。

幼儿在自主游戏中缺乏计划反思能力表现在以下几个方面。

游戏目标和方向不明确。幼儿无所事事，游戏方向不明确，不知道自己想要玩什么游戏。例如，幼儿在区域自主游戏环节，不知道选择什么区域进行游戏。或者选择了数学区后，不知道选择哪一份材料进行操作。

游戏过程不专注。幼儿频繁更换游戏内容，极其容易被他人干扰、吸引。例如，幼儿在几分钟内更换多份操作材料或频繁更换区域，看到同伴的活动后立即将自己的材料换成与同伴一样的材料。

反思过程中难以发现问题。自主游戏中的反思是指幼儿通过回顾游戏过程来审视并反省自己的游戏活动。如果幼儿缺乏反思能力，在反思过程中难以发现游戏中的问题。例如在建构游戏中，幼儿因建构技能不足导致围墙多次倒塌，但在反思回顾环节，幼儿并没有意识到这是个问题。

游戏过程中遇到问题易放弃。幼儿的反思是一个循序渐进的过程，需要经过发现问题、界定问题、确定对策、实践验证、总结提高等环节。如果幼儿缺乏反思能力，就会在发现问题、初步尝试解决问题失败时轻易放弃，在分析原因、确定对策、总结提高等方面缺乏分析和审视。

### （二）计划与反思能力不足的影响

幼儿在制订计划时需要预先思考自主游戏玩什么，怎么玩，和谁一起玩，什么时候开始，需要使用什么材料，多少时间可以完成等。在执行计划中，当遇到困难或实际情况与原来的计划不一致、出现冲突时，幼儿需要思考如何调整计划和解决问题。当游戏结束之后，幼儿回顾整个过程并进行反思。如若幼儿的计划反思能力不足，会有多方面的影响。

计划与反思能力不足易使幼儿在自主游戏中缺乏目标和方向。幼儿制订计划、实施计划可使自己的游戏活动更具目标性和方向性，缺乏计划与反思能力，则容易出现不专注、频繁更换游戏等情况。

计划与反思能力不足易使幼儿自我效能感降低。在自主游戏中，幼儿制订计划可帮助他们对活动产生预期，增强自主性，使他们有效把握和调控活动的节奏，减少盲目性和随意性，提高专注性和持久性。缺乏计划反思能力的幼儿往往盲目和随意地游戏，这会降低他们活动的专注度和持久性，难以将预期转化为现实，失败经历的积累易导致他们自我效能感的降低。

计划与反思能力不足不利于幼儿的元认知发展。计划是一种为了达到某种目的所进行的安排，幼儿缺乏计划与反思能力，不利于幼儿对自身学习过程和思维过程进行调节和监控，不利于主动性的发展。习惯制订计划并执行计划的幼儿知道自己要做什么，不容易受他人影响。

计划与反思能力不足不利于学习品质发展。幼儿通过制订计划发展自主性、主动性、独立性，并通过执行计划和不断反思提升专注性和持久性，逐渐形成不轻易放弃、努力坚持和探索的学习品质。这些都有助于幼儿更好地适应小学生活和学习。

### （三）计划与反思能力不足的原因分析

幼儿计划与反思能力不足的原因之一是教师缺乏引导。在自主游戏中，教师通常注重游戏过程的指导，而游戏开始和结束时的计划反思环节常常被忽略：在计划环节，幼儿需要思考玩什么、怎么玩、和谁玩；在反思环节幼儿需要回顾整个游戏过程，并思考在游戏过程中遇到了什么困难，怎样解决，有什么好办法。根据年龄阶段的不同，教师可用语言、图示等方式帮助幼儿感知计划反思的流程和方法。计划反思有利于幼儿自主性、元认知、专注性的发展。

幼儿计划与反思能力不足的另一个原因是幼儿缺乏知识应用的问题情境。在自主游戏中，如果缺乏知识应用的问题情境，幼儿难以得到分析计划、操作执行、反思回顾等方面的锻炼。但应当注意，情境中的问题并不是越多越好、越难越好，而是要考虑幼儿的最近发展区，有一定的挑战性。情境中的问题应该存在于整个游戏过程中，幼儿通过不断提出问题和解决问题的方式获取新经验。

### （四）案例与策略分析

**案例3-13**

#### 美工区：名字装饰画

区域活动时间到了，思淇和乐乐两人在教室"游走"了好几分钟，似乎不知道要进什么区。

"你们准备进什么区啊?"教师问。

乐乐支支吾吾。

"不如我们去美工区吧，老师，你可以教我做黏土画吗?"思淇看了看旁边的轻黏土说。

"可以呀，你看一下星竹做的那幅画，你觉得第一件事情应该做什么?"教师问思淇。

"是不是要先打底,是用黏土吗?"得到肯定之后,思淇拿来黏土打底。刚开始思淇用手掌来压,发现黏土延展性没那么好。

"你可以试一下用手指。"教师提示。

思淇完成打底后又停滞了。

教师问思淇:"想做什么图形?"思淇没有回答,似乎还没想好。

"你会写你的名字吗?"教师问。

思淇说:"我会写钟思淇的钟。"

"那你可以试一下,先把字写下来。"思淇拿来小工具,写下"钟",然后选择黑色黏土来搓成条形,一一铺在刚才的字上。

完成后,思淇用小工具进行装饰,"钟"字左半边采用点点点的方式,发现小工具上有螺旋状花纹后,她在右边改用斜线压制花纹,开心地说:"老师你看,还可以这样滚来滚去,不一样的花纹。"

在区域活动的分享环节,思淇又介绍了自己的制作过程(从如何打底,到如何写上文字,再到用黏土摆出文字)。第二天,思淇又选择了美工区,这次她很熟练地制作出"思"字,并且自己拿来亮片进行装饰。

(案例来源:广州市黄埔区香雪幼儿园　逯丽丽)

**策略分析**

在案例3-13中，幼儿表现出计划性和目标性不强的特点。教师注意到后，通过提问启发幼儿选择区域，思考接下来的区域活动计划，帮助幼儿找到目标。

幼儿选择进美工区玩黏土，用黏土打好底后，迟迟不动手，此时教师再一次根据大班幼儿年龄特点引导幼儿以制作自己的名字为目标。大班阶段是幼儿语言、文字敏感性增强的时期，幼儿逐渐认识并能够书写自己的名字，而黏土画一直是幼儿非常喜欢的美术创意活动。教师将汉字与黏土画进行结合，能够促进幼儿不同领域经验的迁移。

教师最后利用分享环节帮助幼儿再一次总结名字装饰画的制作过程，引导幼儿用语言表征经验，促进幼儿元认知的发展。

---

**案例3-14**

### 户外亲子建构游戏：滑梯

这次的亲子建构主题是"幼儿园的滑梯"，幼儿提议建一个真的可以在里面玩的滑梯。晗晗找来了长条的木板、纸砖，将纸砖叠起垒高，又将长条的木板放在上面，可是这样的滑梯很小，不稳定，没等脚站上去就倒了。大家尝试多次都是这样的结果，不禁有些沮丧。

"你们想想为什么滑梯这么容易倒？"彤彤爸爸问。

"因为纸砖太轻了。"晗晗说。

"木板也太小了。"诗诗补充。

"要不要尝试大一点、重一点的材料呢？"彤彤爸爸问。

菲菲说："我知道，上次我妈妈来，用了轮胎。我们试试轮胎吧！"

于是大家齐心协力搬来了好几个轮胎。菲菲把 3 个轮胎叠起来。轮胎可比纸砖宽多了，也牢固得多。晗晗又找来了竹梯作为滑梯的楼梯，两块长木板做滑梯的板面。诗诗小心翼翼地走上前，竹梯却滑下来了。

诗诗说："竹梯没有固定，很危险。"可是要怎么固定呢？晗晗去搬来了小木块，可是小木块太轻了，竹梯还是滑下来，一点作用也没有。菲菲又找来细细长长的木条放在梯子底下，还是没用。大家似乎没有其他办法了。

"试试重一点的东西。"彤彤爸爸提醒道。晗晗又想到轮胎，说着就搬了一个轮胎压上去，这一次梯子稳了，诗诗可以放心地走上去。

顺着梯子走上轮胎后，问题又出现了，木板不结实，也不牢固，大家都不敢滑下去。大家又找来了好几块木板叠在一起，可还是不稳。

"我觉得你们需要一块更大的木板。"彤彤爸爸说。于是晗晗和菲菲立即找到了许多大木板，这下木板不结实的问题解决了，但依旧无法固定，木板容易倒，怎么办呢？

晗晗想到的依旧是轮胎。他们在空隙中塞入了两个轮胎，想再塞一个，但却塞不进去了。

"不如我们再加些木板吧！"菲菲提议。于是大家又准备塞木板，可是木板太薄了，搬了好多次，还是没能填满，滑梯依然在晃。这时晓彤爸爸带着一根粗粗的木棍过来，这一下终于支撑起来了！

（案例来源：广州市黄埔区香雪幼儿园　黄　晋）

**策略分析**

1. 反思回顾

在案例中，幼儿想搭建可以玩的滑梯，但由于知识经验积累不够，对材料不熟悉，一直选择用纸砖、小木块等材料进行反复搭建，均以失败告终，可见幼儿遇到问题的反思能力不足。在这种情况下，家长主动引导幼儿反思：为什么滑梯容易倒？幼儿思考分析得出是因为材料太轻、太小。家长在幼儿反思回顾的基础上，帮助幼儿梳理原因，引导幼儿更换大而重的材料，找到了正确的解决办法。

2. 家长资源

家长的参与能够丰富幼儿的知识经验，帮助幼儿解决不能独自解决的问题，完成更加丰富、多层次的建构，从而使幼儿获得积极的情绪体验，促进幼儿在游戏过程中进行深度学习。在案例 3-14 中，前一次亲子建构活动中也让幼儿对轮胎这一材料有了一定的了解，为幼儿积累了建构经验，帮助幼儿实现了经验的迁移。

# 第三节　经验迁移困难及对策

20 世纪美国杰出教育心理学家奥苏贝尔提出"为迁移而教"。他认为先前学习所获得的知识与经验，会对后面的学习产生影响，迁移是有意义学习必不可少的过程，是实现问题解决的重要方式。幼儿的迁移主要是幼儿已有经验对新经验习得的影响，主要表现为将在一个情境中获得的具体知识经验再应用到新的类似的情境中，即类比迁移，具有具体性、模仿性的特点。自主游戏中幼儿的深度学习要求幼儿能够理解当前学习情境，通过对新情境的判断和把握，将已有知识经验迁移应用于新的问题情境，最终解决实际问题。因此，整个深度学习过程中迁移能力起着非常重要的作用。

然而，教师在实践中发现，幼儿在已有知识经验、类比迁移能力以及问题解决能力方面表现出来的年龄特点，在一定程度上会影响其深入开展自主游戏。因此，教师需要根据不同的情境给予幼儿有效的支持，进而帮助幼儿进行迁移，使深度学习在幼儿的自主游戏中得以发生。

## 一、知识经验不足

研究表明，幼儿在学习活动中进行迁移的前提是具备一定的知识经验。那么幼儿在知识经验上表现出怎样的特点？这些特点对自主游戏中的深度学习有什么影响？教师如何基于幼儿的这一特点选择合适的支持策略以促进幼儿的深度学习呢？

### （一）知识经验不足的特点与表现

皮亚杰认为，经验（即知识）源于个体与环境的交互作用，分为物理经验和逻辑数学经验两类。个体的经验即个体在与环境相互作用中建构起来的关于万事万物的认知图式。这意味着，首先，知识的获得需要个体与外界进行积极的互动，知识经验是否丰富与个体生活经验及身体心理成熟程度相关。一般来说，个体身心越成熟，获取知识的能力越强，所获得的知识经验自然也就越丰富。其次，个体的生活经验也会极大影响知识经验的获得。例如，一名2岁的幼儿，如果家庭非常关注他各方面知识经验的获得，注重利用科学的方式让他体验生活中的常见情境，那么，他前期知识经验的储备将会高于同龄人，这也会为他后续的学习奠定良好的基础。最后，人的知识经验越多，越能对材料进行积极、主动的加工，获得新的知识经验也就越省时、省力，在生活中能感知到的、学习到的东西也就越丰富；而人的知识经验越少，获得新知识经验的能力越差。

幼儿身心发育尚未成熟，已有知识经验主要表现了以下特点。

1. 知识经验的数量有限

在自主游戏中，幼儿常常会因为知识经验数量不足而难以展开深入游戏。例如，在中班的角色游戏中，有一个幼儿正在扮演医生的角色，当教师假装自己是病人，要求医生给自己看病时，他二话不说拿起针就往教师的头上扎，扎了一次后觉得有点无聊，便结束了角色扮演游戏，投入其他的游戏活动。从该幼儿的行为可以看出，他相对缺乏角色经验，不能将医生看病的角色行为和语言很好地迁移到游戏中，这在一定程度上阻碍了游戏的深入。

2. 知识经验具有生活化的特点

幼儿的学习主要是基于生活的学习，因此积累的知识经验也具有明显的生活化特点，表现为表面性、浅层性、缺乏系统性、严谨性、全面性，各类知识经验之间的迁移比较困难，幼儿很难做到举一反三。

例如，在搭建双层图书馆活动中，幼儿能够根据自己在日常生活中见到的双层房屋的大概形状进行模仿搭建，但是如何让双层图书馆搭建得稳固，如何安装旋转楼梯等更为深层的问题，对幼儿来说相对困难，需要教师的支持和引导。

3. 知识经验缺乏整体性

怎样的知识经验易于个体产生迁移行为呢？一般来说，当知识经验处于一个整体性的知识框架中时，比较容易被理解和提取，而零散的、孤立的知识经验有时候是无效的，很难引发幼儿迁移。例如，当幼儿在沙水游戏中探究桥梁的搭建方法时，教师首先应该提前了解桥梁的类型、作用、结构、跨度、长度和材料等知识，然后对幼儿已有经验进行调查，并在自主游戏开展之前帮助幼儿积累有关桥梁特点、材质等各方面的知识，在搭建过程中根据幼儿现有知识经验以及特点，针对性地提供指导，引导幼儿根据环境、水位、地势的不同情况进行桥梁的设计与搭建。前期帮助幼儿获得整体性知识经验是引导幼儿进行迁移的有效策略。

## （二）知识经验不足的影响

学习迁移理论认为，原有知识的掌握程度是影响学习迁移的一个重要条件，原有知识掌握得越熟练，它被迁移到其他学习情境中的可能性也就越大。正如奥苏贝尔所指出的，原有经验的特性直接决定了迁移的可能性和迁移的程度，也就是说，幼儿对基础知识掌握得越牢靠、理解得越深刻，原有知识经验越丰富，便越容易迁移，越容易理解和掌握新知识。幼儿在自主游戏活动中的迁移往往是基于已有知识经验产生的，幼儿对已有知识经验掌握得越熟练，理解得越深刻，在新情境中应用迁移便越容易。幼儿的知识经验存在数量有限、生活化、碎片化等特点，易使幼儿在学习过程中遭遇迁移困境，进而影响幼儿在深度学习中对知识的重构和运用。

知识经验不足也不利于问题的解决。相关知识经验是解决问题的基础，能为问题的解决确定方向、途径和方法。幼儿已有知识经验的特点会影响幼儿在活动中的问题解决，进而影响深度学习。例如，从前述案例中我们可以看出，幼儿在教师的有效提问下成功地将已有知识经验迁移到新的应用情境中，解决了问题。由此我们发现已有知识经验的储备对幼儿来说非常重要，是幼儿在活动中进行知识迁移、解决问题、实现深度学习的基石。

### （三）知识经验不足的原因分析

受年龄特点限制。丰富的知识经验需要依赖学习者在日常生活中的日积月累，相比成人而言，幼儿年龄尚小，知识经验的积累自然是不够丰富的，这是幼儿的年龄特点。这种年龄特点虽然一定程度上会阻碍幼儿的进一步学习，但也正是教育的价值所在，教师需要认识幼儿的这一特点，因势利导，逐渐丰富幼儿的知识经验。

缺乏丰富的感知体验环境。虽然说幼儿的年龄特点决定了幼儿知识经验的数量和质量普遍较低，但并不是所有的幼儿都处于同一水平。知识经验的获得有赖于个体与环境的互动。幼儿的学习方式主要以感知体验为主，因而一个拥有丰富感知觉刺激的环境能够支持幼儿拥有更加丰富的知识经验。从家庭因素来说，家长有意识地为幼儿创设丰富的环境，例如购买不同种类的玩具，放手让幼儿在家中做力所能及的事情，带幼儿参加丰富多样的活动，阅读各式各样的书籍，会在日积月累中逐渐丰富幼儿的知识经验，让幼儿逐渐成为一个"见多识广"的人。从幼儿园教育来说，教师有意识地为幼儿提供丰富多样的感知觉体验环境同样必要，例如充分利用节日活动来拓展幼儿的知识经验，挖掘每个幼儿的生活经历，生成生活化的课程内容，引导幼儿逐步进行深入的探究，从而丰富幼儿的知识经验。

没有深入探究的精神和习惯。幼儿思维发展具有具体形象的特点，很多活动往往浅尝辄止，但到了 4 岁左右，幼儿提的问题开始具有一定的深刻性。例如，一个 4 岁的幼儿提问："为什么铁会导电，但是木头就不会呢?"还有一个 5 岁的幼儿提问:"为什么蔬菜吃了对身体好,但是薯条吃了就对身体不好呢?"这些问题的提出一定程度上表明幼儿正在进行思考,有着进一步主动探究的欲望。很多教师在面对幼儿的问题时会无所适从,如果要用成人的语言回答,幼儿是很难理解的。教师需要使用更加具体形象的方式帮助幼儿进行探究,养成主动陪幼儿深入探究的习惯尤为重要。比如,针对上述的问题,教师可以通过科学小实验、科学类解说小视频或者科学类绘本等,带领幼儿进行深入挖掘和探索,从而达到丰富、深化幼儿知识经验的目的。

### (四)案例与策略分析

**案例3-15**

#### 种植区:向上而生的植物

种植区是班级幼儿一直以来乐衷活动的区域。近日,孩子们发现一株豌豆苗的茎越长越长,已经垂到地上。被浩浩经过的时候一不小心踩到了。细心的乐乐发现了这个问题,对浩浩说:"小心一点,小叶子会痛的。"乐乐跑过去把豌豆苗扶起来,可是一放手,豌豆苗又掉落下来,茎都要折断了。教师看见了,走过去问道:"能有什么办法让这棵植物向上生长?"乐乐想了一会儿,说可以扶起来,搭在墙上。教师建议她试试。乐乐扶起豌豆苗放在墙上,小心翼翼地松开手,豌豆苗马上就掉下来了。

教师提醒乐乐想一想,在家里有没有见过这种有长长藤蔓的植物,它们是怎么向上生长的?乐乐立马开心地说:"我知道了,老师,奶奶种的豌豆是用棍子支起来的,我们也可以立个小棍子,让它抓着棍子长。"

然后乐乐和好朋友找来了两根棍子，但似乎棍子不够长，两个小家伙就用热熔枪将两根棍子接起来。乐乐将土弄松，将棍子插到土里面，接着将那些"低头"的枝丫顺着棍子的方向扶正，用扭扭棒固定。

（案例来源：广州市黄埔区香雪幼儿园　张路旋　朱中淑）

**策略分析**

1. 经验联系

丰富的生活经验对游戏中的问题解决能起到积极的迁移作用。例如案例中的乐乐在教师的引导下联系以往的生活经验，将生活中所观察到的做法迁移到种植区中，成功地解决了问题。

2. 提问启发

幼儿的知识经验储备存在经验性、碎片化的特点，这常常导致幼儿遇到实际问题时迁移失败。例如案例中乐乐其实见过奶奶的做法，储备了一定的知识经验，但是因为这个经验非常具体化，乐乐没能做到迁移应用。这时候教师的启发式提问在幼儿已有经验和现有问题之间建起了桥梁。

**案例3-16**

### 建构区：交通大堵塞

在建构区中，幼儿最近热衷于探索各种各样的工程车。为了让幼儿在游戏中对不同工程车的功能有更加直观、深入的认识，教师和幼儿一起创设了游戏情境：暴雨冲塌了公路，导致交通大堵塞，怎么办呢？

在游戏进行前，教师邀请幼儿与爸爸妈妈一起完成了工程车调查，初步了解工程车的外形、构造、功能等，并将玩具工程车带到班上与小伙伴们分享。

在游戏开始时，轩轩说："首先要叫警察叔叔把路上的车都清出去，不要让其他的车再进来，可以放一个指示牌提醒。"

玉盈："要把周围的石头都运走，再把公路修好。"

教师："要疏通堵塞的道路，除了疏导车辆外，还要清除公路周围的树木、沙土，那用什么来运走这些物品呢？"

他们分别派出了挖机、吊机、推土机等工程车展开救援，迅速清除路面杂物。

这时遇到一个问题：因为公路坍塌严重，路中出现了大坑，怎么办？

不一会儿，大家讨论出了解决方案，开始用积塑材料分组建桥，大家都想制作出最适合的桥。

等幼儿造好不同的桥之后，教师问："用什么办法可以知道哪座桥最合适？"

轩轩说："把我们的桥都放到公路上比较一下就知道了。"

通过实验，大家发现：第一组的桥不够宽敞，只有人可以通过，车辆过不去；第二组的桥比较宽敞，但是不稳固，行人与车辆很容易掉下来，不安全；第三组的桥不稳固，而且不够长，缺上行的斜坡。

大家对此次搭建的桥都不是很满意。

于是，在游戏总结环节，教师与幼儿带着这些问题共同探讨：用什么样的材料可以把桥搭建的既宽敞又稳固？

玉盈说："要选大一点的积塑材料，可以让车通过的那种。"

睿睿说："在桥的下面可以添加一些墩子，这样就会比较稳固。"

轩轩说："如果你搭建的桥很窄，可以再搭建一座，两座或三座桥拼接起来，就会很宽敞。"

翊翊说："在搭了一半的时候，要拿过去比较一下，看看长度够不够，不够长就可以继续搭，够长了就不用搭了。"

经过探讨，幼儿迫不及待要开始第二次搭建。

（案例来源：广州市黄埔区香雪幼儿园　龚清苑　尹艳雅）

**策略分析**

1. 家长资源

为了促进幼儿迁移经验，开展深度学习，教师应该提供基础知识、背景知识和应用技能的支持。如在本次活动中，教师充分利用家长资源，通过让家长和幼儿共同完成工程车调查，帮助幼儿初步建立关于工程车的知识经验，对工程车的结构、作用、运作等各方面有较为全面的了解，这为幼儿的搭建活动积累了丰富的前期知识经验，为活动的深入开展奠定了基础。

2. 情境创设

问题解决的过程本身是一个不断获得知识经验的过程，所以教师创设适合幼儿探究的真实问题情境，为幼儿知识经验的获得提供机会是非常必要的。在"交通大堵塞"案例中，教师根据幼儿的兴趣点，和幼儿共同确定问题情境，即路面发生坍塌，造成了交通大堵塞。这个问题能激发幼儿思考，让他们根据已有的知识经验积极地去解决问题。

3. 反思回顾

迁移产生的前提是个体具备相应的知识经验，而且个体对知识经验的掌握非常熟练。幼儿在活动中会获得各种知识经验，但需要在教师的支持下才能加深理解，这样当后期遇到类似问题时，才能发生迁移应用。案例中教师采用了幼儿自主表达、知识经验总结与提炼、知识经验拓展的方式，帮助幼儿理解和熟悉关于桥梁建构的知识，使幼儿初步掌握了桥梁搭建的一些原理，提升了桥梁搭建的技能，为后期搭建活动奠定了基础。

## 二、类比迁移能力弱

举一反三常常用来衡量学习者是否能将所学知识灵活运用，也就是指迁移能力。迁移是学习发生的重要指标，激活已有知识去解决新问题的过程便是迁移的过程。迁移与应用不仅是重要的学习能力，更是检验深度学习的重要指标。

### （一）类比迁移能力弱的特点与表现

迁移是指将学习到的知识加以理解并运用于学习新知识或解决新问题，类比迁移就是将在源问题中获得的知识应用到靶问题中。源问题是指学过的知识或已经解决过的问题情境，而靶问题是指新知识或新面临的问题。本书中所指的类比迁移是指幼儿在学习过程中，激活已获得的知识和策略来解决类似情境中的新问题。研究显示幼儿具备迁移能力，且能通过问题的表面特征、结构特征和因果特征来实现类比迁移。还有研究者提出了类比迁移的加工模型，并提出迁移过程的 4个基本阶段：表征类源，感知类比关系，映射问题结构，运用获得策略。① 随着研究的不断深入，有关类比迁移的影响因素、类比迁移的实质及概化策略的研究成果不断出现。

类比迁移能力的发展对幼儿有着重要意义。其一，利于促进知识经验之间的联结。幼儿的学习是整体性的学习，能将在各类活动中习得的知识进行联结，形成越来越完整的认知结构。其二，利于提升深度加工、提取与应用知识的能力。解决问题不仅需要丰富的知识经验，更是需要幼儿对知识经验进行重组，提炼新旧问题情境中共同的规则、方法和推理过程。其三，利于培养反思与批判性思维。知识的迁移与应用可以帮助幼儿养成从不同角度思考问题的习惯，学习理解知识，概括问题，提出解决策略。

产生类比迁移的条件有 3 个：一是具备充足的、对解决当前问题有用的已有知识经验；二是感知类比问题之间的关系，并形成对应的映射关系；三是将已获得的策略或规则应用于新问题情境。幼儿类比迁移能力不足表现在以下 3 个方面。

第一，幼儿认知结构中的已有经验不足。认知结构是指存在于学习者头脑中相对完整的知识结构，由学习者所积累的知识和经验组成，认知结构的建立能为学习新的知识提供基础。如果幼儿的日常生活是单调、重复的，缺少触及各类知识的机会，其经验就不足以应对他所面对的问题。在进行类比迁移时，类比源的缺乏导致幼儿无法建立起该问题情境的认知结构，就更不用谈利用已有知识去解决新问题了。例如，小班幼儿对 AABAAB 模式结构非常陌生，甚至从来没有感知过物体的有规律排序，在探索数学模式时，教师需要降低问题难度，从最简单的 ABAB 入手，辅以教师讲解和生活经验的提示。当幼儿学会简单的 ABAB 模式后，这一知识经验就纳入了幼儿的认知结构，幼儿进行经验重组后，就能完成 AABAAB 模式。

---

① 陈哲，王瑞明，莫雷．儿童问题解决中的类比迁移［J］．心理科学进展，2008（1）：65-70.

第二，幼儿无法感知类比问题之间的映射关系。幼儿在类比迁移时，常常不能自动激活源问题，不能找到两个问题之间内在特征的对应关系，即不能发现靶问题跟之前的知识经验有关，或是不能意识到两个问题在哪些方面有着相似的地方。这时，教师的提示和指导就显得尤为重要了。幼儿能很好地找到同一游戏中不同难度问题之间的联系，但是在联系不是特别密切的两个类比问题中就很难进行迁移。比如在进行泥塑游戏时，幼儿用两种颜色的超轻黏土来装饰裙子，可能会出现胡乱粘贴的现象，但是当教师拿出该幼儿上次在找规律游戏中的作品，提示其按顺序排列图案会更美时，幼儿就能回忆起 ABAB 模式并将其运用到美工活动中。

第三，幼儿难以对已获得的策略或规则进行概化。有了丰富的源问题经验，并找到源问题与靶问题之间的映射关系，并不代表就能成功解决问题，获取新知识。当源问题与靶问题的解决策略和规则一致，但具体程序不一致时，他们在类比迁移时就会遇到困难，所以要让幼儿形成不局限于特定问题的解决策略。在上述泥塑游戏中，如果教师能为幼儿进行深度梳理，启发幼儿："我们生活中还有哪些地方用到了有规律的排列方式？"幼儿可能会列举衣服上的花纹、美工区的手链等。这时，教师再次增加类比源举例，如音乐的节奏、一年四季、白天黑夜等，同时帮助幼儿对类比问题进行概化，那么幼儿就可能进行更大范围的类比迁移。

### （二）类比迁移能力弱的影响

没有迁移，就没有学习。幼儿类比迁移能力弱，是阻碍幼儿深度学习的重要因素。

缺乏类比迁移能力，最直接的影响就是解决不了问题。幼儿只能不断重复先前经验，问题情境稍微发生变动时，必须依靠教师手把手地教。这种机械记忆式的学习无疑是深度学习最大的阻碍。另外，类比迁移能力的缺乏，会影响幼儿归纳与演绎、分析与综合、抽象与概括等高阶思维的发展。

迁移能力强的幼儿，即使在只有很少类比源的情况下，依然能很快地把原来积累的知识经验熟练地迁移到新的问题情境中，反之，就要积累更多的类比源，从中总结问题解决的规律和方法，这会降低幼儿学习兴趣，挫伤学习的积极性。

对此，教师一是要不断丰富幼儿知识经验，二是要注重知识的探索过程，完善幼儿的认知结构，三是要引导幼儿找到新旧经验的联系，提高概括和反思能力，四是要多鼓励幼儿，帮助他们建立克服困难的信心。

### （三）类比迁移能力弱的原因分析

幼儿类比迁移能力弱的原因之一是已有经验不足，这主要是由幼儿年龄特点决定的；原因之二是幼儿缺乏总结和拓展的经验。幼儿学习类比迁移是建立在对新的问题情境有所认识的基础之上的，教师帮助幼儿在解决问题之后进行总结、拓展非常重要，因为这能够帮助幼儿提炼并内化问题解决的常用方法，同时还能够帮助幼儿将问题解决策略拓展应用到其他类似的情境中。这一系列举措能够帮助幼儿举一反三，使幼儿在遇到类似问题时，迅速提取相似经验用于解决当前新问题。例如，在中班健康活动"遇到这些危险该怎么办？"的活动中，幼儿了解到遇到着火、有人被井盖绊倒、小动物被夹在缝隙里面时可以找消防员。教师在活动后及时总结，告诉幼儿遇到危险，自己解决不了的时候，可以找消防员叔叔。教师还应该进行拓展，可以尝试提问："还有什么情况我们可以找消防员叔叔呢？"教师不断地进行总结和拓展为幼儿进行类比迁移打下了良好的基础。

## （四）案例与策略分析

案例3-17

### 语言区：故事有约

今天的自主游戏时间，思思选择"故事有约"，为大家读故事。思思翻到第一页，用手指着上面的文字开始阅读："太阳好大，天空好……"

"老师，这个念什么？"思思仰头问教师。

"蓝，天空好蓝。"教师说。因为平时对幼儿的识字能力没有要求，所以教师没有特别去进行引导。

思思继续读："太阳好大，天空好蓝。"

"思思，你这么厉害，认识这么多字啦，谁教你的呢？"

"我在家跟爸爸一起看书，爸爸教我的。"

"那这边的字你看看认识多少呢？"

思思受到了鼓励，脸上洋溢着笑容，更加大声地朗读："今天是学……的日子……"思思遇到不认识的字时，教师会提醒她。

思思继续朗读："大家开开心心地走呀走，……也高兴得……"（原文：狐狸阿布也高兴得蹦蹦跳跳）

看着思思对阅读这么感兴趣，教师决定好好地引导她。

"思思，当你不认识字的时候，可以先看看画面，或许画面会告诉你答案。你看，这只动物是？"

"是狐狸。"

"再看看它的动作，还有表情。"

"它很高兴！像要跳起来的样子。"

"对啦，这四个字就是蹦蹦跳跳。"教师鼓励道，并提出要求：

"那现在老师来考一考你，看看你是不是真的认识了这些字。这个字还记得吗？"

思思想了一下，小声默念："太阳好大，天空好蓝！"接着兴奋地说："是蓝！看，这里画的也是蓝色！"

"那这个字呢？"教师指着"校"，思思思考了半天并摇了摇头。对"郊游"两个字思思也不是很熟悉。

教师说："你看一下，这些小动物今天不用上学校，他们排着队，准备去郊游，就像你们排队坐车去秋游一样。"

听了讲解，思思认真看了图片，基本能够流畅地读出这两页的内容。经过教师的提问，思思在半个小时内已经能读出 5 页的内容。

这时，优优也来到语言区，认真地听思思读故事。思思看到有小听众，读得更加大声了！

（案例来源：广州市黄埔区香雪幼儿园　逯丽丽）

**策略分析**

1. 充分利用家长资源

幼儿基本是靠图像记忆去识字的，书读得多了，一些重复率高的字词也就自然记住了。从案例 3-17 中可以看出，幼儿的识字量基本都是在亲子阅读中积累的。家长是幼儿学习成长不可缺少的力量，家庭是幼儿园重要的合作伙伴，来自家庭的生活经验和学习经验，是幼儿进行类比迁移的重要基础。

2. 教师观察与解读

到大班下学期，幼儿对文字更加感兴趣，阅读绘本时，不再像之前仅仅停留在图画上，已经开始有意识地认读汉字了。在案例 3-17 中，幼儿对"蓝""校""郊游""狐狸""蹦跳""海边"等字词不熟悉，在仔细观察图片及倾听教师讲解后，渐渐能找到图文对应关系，对文字印象更加深刻。在掌握这项推理技能后，幼儿在画面的引导下，基本能够在没有帮助的情况下读出所有文字内容。不过有些动词、形容词、副词等很难通过画面展现出来，学习这类词，需要有其他的类比源。

案例3-18

### 语言区：儿童诗创编

一天下午，教师与幼儿一起欣赏了绘本《月亮的秘密》。教师问幼儿："如果你能摘一个月亮，你要做什么呢？"

瞬间无数只小手高举，一个个洋溢着欢乐的笑脸，好像已经摘到了一样。

"我要让月亮带我飞上天，像气球一样！"

"我想把月亮当跷跷板！"

"那得两个人玩才行，哈哈哈！"

"我想把月亮当西瓜吃。"

"把月亮当成雨伞。"

……

于是，借用幼儿的想象力，教师也文思泉涌，把这些童言稚语编成了一首儿童诗：《摘月亮》。

我沿着星星爬上了夜空，

原来，天上有好多月亮，

忍不住，想摘。

摘下一个月亮荡秋千，

摘下一个月亮做跷跷板，

摘下一个月亮当棒棒糖，

再摘下一个带我飞上天。

如果哪天夜里，你没有见到月亮，

千万不要惊讶……

写完后，教师请班上认字最多的睿睿给大家朗诵。幼儿听完后，不由地鼓掌，自豪地说："哇，这是我们写的诗吗?!"

"这是属于我们大三班的诗，如果你们想学，我可以教你们。"于是，教师给语言区添置了很多儿童诗。

自从发现幼儿对文学语言感兴趣后，教师开始有意识地在日常生活中渗透有关文学形式、文学语汇和文学想象的知识。幼儿也常常会用一些夸张、比喻、拟人的词句。

今天的自主游戏时间，一群幼儿在翻阅《蝴蝶·豌豆花》。

"一只蝴蝶从竹篱外飞进来，豌豆花问蝴蝶，你是一朵飞起来的花吗?"睿睿有感情地朗诵着。

看着他们饶有兴致的样子，教师结合昨天讨论的动物的保护色，让他们在理解动物保护色的基础上进行儿童诗创编。

"这是什么?"教师指着一张枯叶蝶的图片问。

"落叶。"琳恩说。

"我知道，是枯叶蝶。"晨曦说。

"它跟小树叶好像啊，还有两个黑黑的圆点。"菲菲说。

"你们觉得当枯叶蝶遇见小树叶，会说什么呢?"教师问。

"你好呀，小树叶!"菲菲说。

"想想睿睿刚才读的那首诗。"

枯叶蝶问："'小树叶，你会飞吗?'小树叶说：'我不会。'

'可是风一吹你不就会飞了吗?'"睿睿轻声地念着,孩子们向他投去赞叹的眼光。

"小树叶问枯叶蝶:'你的好朋友呢?'枯叶蝶说:'我没有好朋友。'树叶说:'跟我们一起你就有很多好朋友啦!'"晨曦模仿着说。

接着,教师又给幼儿看一张青蛙和浮萍的图片。

"青蛙会与浮萍说什么呢?"教师问。

"小浮萍,你会游泳吗?我不会。风一吹你不就会游泳了吗?"峻霆似乎也掌握了诀窍,抢先说道。

"咦,哪里有青蛙?我怎么没看见。"钟博幽默地说。

"哈哈,在这里。"琳恩笑着说。

"小浮萍说:好挤啊,青蛙,你的身体太大啦!"惠滢说。

于是,属于大三班的诗又增添了两首。

枯叶·枯叶蝶

枯叶问枯叶蝶:你的好朋友呢?

枯叶蝶说:我没有好朋友。

枯叶说:跟我们一起,你就有很多好朋友啦!

枯叶蝶问枯叶:小树叶,你会飞吗?

枯叶说:我不会。

枯叶蝶说:可是风一吹,你不就会飞了吗?

青蛙·浮萍

池塘里,跳进了一只青蛙。

一片浮萍说:

"好挤啊!青蛙,你太大了!"

另一片浮萍说:

"哪里有青蛙?我怎么没看见!"

（案例来源：广州市黄埔区香雪幼儿园　黄　晋　罗美容　黄　菲）

**策略分析**

1. 提问启发

虽然有研究证明婴幼儿具备迁移能力，但他们难以自动激活类比源，难以发现前后经验之间的共同点和类比关系，因此需要教师的启发引导。在案例 3-18 中，教师没有直接告诉幼儿答案，而是通过提问的方式，启发幼儿积极思考、迁移经验，寻求解决问题的办法。值得肯定的是，教师非常善于利用开放式的问题，鼓励幼儿独立思考和大胆想象："如果你能摘一个月亮，你要做什么呢?"这一问题没有正确答案，幼儿的奇思妙想可以被无限包容。正是在这种氛围下，幼儿创作出了天真烂漫的儿童诗，发散性思维和创造力得到发展。

2. 经验联系

经验是连续的，原有经验有助于对新经验的理解与掌握。在教师的辅助下，幼儿能将多个同类经验提炼内化成自己的认知结构。也就是说，为了促进幼儿的类比迁移，教师需要为幼儿提供多个类比源，使幼儿在多次类比后，形成抽象的认知图式。在案例 3-18 中，教师基于大班幼儿语言发展特点，引入文学语言关键经验，先是利用文学作品激发幼儿文学创编的兴趣，体会儿童诗优美的意境和情感，为后续的文学想象积累前期经验，接着，在幼儿一日生活中渗透文学语言，适时帮助幼儿提炼修辞手法及儿童诗结构等上位概念，为幼儿的类比迁移打下坚实的基础。最后，几乎教师不用提示，幼儿就能找到源问题（《蝴蝶·豌豆花》的结构和词汇）与靶问题（根据两张图片仿编诗歌）之间的类比关系和映射结构，通过头脑风暴，创编了令人惊叹的儿童诗。

# 三、问题解决能力不足

深度学习和问题解决是相互交叉、相互促进的关系，问题的解决可以促进幼儿的深度学习，幼儿不断的深入学习又可以提高问题解决能力。幼儿在自主游戏中常常会遇到各种问题情境，并尝试在教师引导下解决各种问题，不断深入学习。总的来说，幼儿的问题解决能力尚处于发展阶段。

## （一）问题解决能力不足的特点与表现

问题解决能力的高低与学习的深浅相关，问题解决是深度学习的落脚点。[①] 问题解决是由一定情境引起，按照一定的目标，应用各种认知技能，经过一系列的操作，使问题得以解决的过程。对于游戏中的幼儿来说，问题解决是指在面临问题时，幼儿用已有的知识经验不能解决，但又没有现成的对策、答案或解决方法，从而寻求问题处理方法的一种心理活动。问题解决的基本过程包括发现问题、分析问题、解决问题和反思问题。

后皮亚杰主义的理论观点否认了"儿童解决问题能力的高低反映其认知技能成熟程度"的观点，认为儿童是否能成功解决问题，关键不在于他们尚未发展起来的一般逻辑技能，而主要受儿童对当前特定领域和情境的知识经验，以及儿童与当前问题相互作用过程的影响。解决问题甚至是一种在社会互动中习得的社会技能，而非纯智力活动。[②] 因此，问题解决的主要影响因素包括问题本身特点以及问题所处的情境、幼儿情绪情感状态、幼儿社会交往技能以及幼儿认知等。对于幼儿来说，成人的有效指导对问题解决起着很大的作用。一般来说，越是认知能力较强、遇到问题不退缩、能够与同伴主动协商问题或向成人求助的幼儿，越能够解决问题。因此，我们可以从幼儿面对问题的态度、处理问题的方式以及问题解决的品质等方面阐述幼儿问题解

---

① 王小英，刘思源. 幼儿深度学习的基本特质与逻辑架构 [J]. 学前教育研究，2020（1）：3-10.

② 桑顿. 儿童怎样解决问题 [M]. 李维，吕建国，译. 成都：四川教育出版社，2008：5-32.

决能力不足的具体表现。

### 1. 缺少解决问题的正向态度

幼儿容易情绪化，当遇到问题的时候容易激动并停止游戏。例如，在区域游戏结束的环节，小鱼正在娃娃家仔细地整理娃娃的衣服，看到身边的小朋友全都收拾好材料了，就开始着急起来，手忙脚乱抱着一盆衣服就想放回四柜格，结果碰到了柜子，已经叠好的衣服散落一地。小鱼瞬间就大哭了起来，边哭边跟教师说："老师我叠不好衣服了，我叠不好了。"

### 2. 缺少解决问题的方法

幼儿在遇到问题的时候，往往容易表现得手足无措，这是因为幼儿很难将遇到的问题用语言和非语言的方式表达出来。受思维和语言发展的限制，幼儿在遇到问题的时候经常只知道这样不对，活动进行不下去了，但对于具体为什么进行不下去了，到底是遇到什么问题了，他并不是很清楚，更别说用语言进行表达了。问题表征是问题解决的第一步，幼儿尚缺少解决问题的方法。

### 3. 缺乏问题解决的品质

问题解决的品质是指幼儿能够根据问题情境，借助批判与想象，按照前期确定的问题解决策略去解决问题，并观察问题处理的过程，及时改进问题处理的方式，最后获得经验并将经验应用迁移到其他问题上，具体表现为具备批判性思维、想象能力、坚持性和迁移能力等。幼儿在问题解决过程中很容易出现思维混乱、无计划、执行力不够、有始无终以及迁移效果差等问题。

### （二）问题解决能力不足的影响

### 1. 影响幼儿知识经验的积累

问题解决是幼儿知识经验积累的重要途径之一，已有的知识结构或经验结构也会直接影响问题解决。幼儿在日常的生活学习中遇到问题的时候正是他们进行知识经验积累的最佳时期。幼儿通过自主的探索、成人的支持，在调动已有知识经验的同时，不断吸收新的知识与技能，将各种经验进行整合、迁移和应用，真正解决日常生活中遇到的各种各样的问题。幼儿问题解决能力不足常常会让幼儿失去很多学习的机会及知识经验积累的机会。因此，教师应该给予幼儿适宜的支持，促进幼儿问题解决能力的提升，帮助他们积累知识经验。

2. 影响幼儿良好学习品质的养成

学习品质影响着幼儿的学习质量。有研究者认为学习品质主要包括对学习的热情和学习中的投入两部分，其中对学习的热情包括兴趣、快乐和学习动机，学习中的投入则包括专注、坚持性、灵活性和自我调节。① 一般来说，幼儿的个性特征、家庭、学校和社会都会不同程度地影响幼儿学习品质的养成，其中幼儿问题解决能力也会对其学习品质造成一定程度的影响。当幼儿遇到各种学习问题时，如果可以得到教师及时的支持和帮助，提升自身问题解决能力，那么幼儿将对学习保持更多的兴趣，表现出更少的害怕、厌恶情绪与退缩行为。幼儿一旦拥有问题解决成功经验，则在遇到新的困难时将更有能力去解决，更容易坚持并进行自我调节。良好的问题解决能力能够让幼儿在愉快的氛围中解决可能遇到的学习问题，从而感受到学习任务的乐趣，变得越来越爱学习，越来越能够坚持学习，逐渐形成良好的学习品质，而良好的学习品质又反过来继续促进幼儿问题解决能力的提升。

3. 影响幼儿的深度学习

幼儿深度学习是幼儿在教师的引导下，在与环境或他人的互动中，以问题解决为导向，积极主动地投入到新知识的学习和新经验的积累中并探索周围环境的过程。其中，幼儿的迁移能力、问题解决能力等都是影响幼儿深度学习的重要因素。幼儿在真实情境中解决问题，能够进一步促进深度学习的发生，然而，如果幼儿不具备较好的问题解

---

① 希森. 热情投入的主动学习者：学前儿童的学习品质及其培养［M］. 霍力岩，房阳洋，孙蔷蔷，译. 北京：教育科学出版社，2016.

决能力，又没有教师的支持和引导，那么幼儿的学习就很容易中断或处于浅层水平。总的来说，幼儿的深度学习和问题解决能力是相互促进、相互制约的。

## （三）问题解决能力不足的原因分析

### 1. 幼儿年龄特点

有研究者认为幼儿解决问题能力的发展，与幼儿的成熟有着密切的关系。[①] 年龄越小的幼儿，发现问题的能力越有限。问题意识薄弱，处于自我中心状态，无目的地解决问题，是这个年龄阶段幼儿的特点。也就是说，问题解决能力不足是幼儿特定年龄阶段的特点，但是这并不表示成人不需要为幼儿问题解决能力的发展提供支持。在成人的有效引导下，随着幼儿身心逐渐成熟，幼儿的问题解决能力会逐渐得到提高。

### 2. 幼儿的性格特点

有的幼儿性格开朗，乐于交往，善于倾听，更加愿意主动去解决问题，而有的幼儿常在遇到问题时采取回避、忽视等方式，因而不能积极解决所遇到的问题。

### 3. 幼儿学习品质

主动性、想象力和创造力都能很好地帮助幼儿解决问题。例如，创造力和想象力比较丰富的幼儿在遇到问题时，会更愿意积极主动地思考、探索，并尝试进行迁移，创造以前没有的问题解决方法。

### 4. 外部因素

成人与同伴的态度会影响幼儿解决问题的积极性。当想法获得成人或同伴的认可和鼓励时，幼儿会对解决问题充满自信，探究的积极性也随之高涨；当失败行为得到成人和同伴的理解和接纳时，幼儿会重拾探究的信心。反之，如果长期不被成人与同伴认可、接纳，幼儿可能会逐渐失去信心。

---

① 周欣. 幼儿解决问题能力的发展及培养 ［J］. 幼儿教育，1986（12）：11–12.

教师的支持策略、回应方式等会对幼儿产生较大的影响。教师是否能真正为幼儿提供自由、充分表达的空间和机会，直接影响幼儿参与活动的积极性与表达能力的高低；教师能否有针对性地引导幼儿用适当的方式提出问题、分析问题，直接影响幼儿思维水平的发展；教师能否为幼儿搭建自主探索、建构经验的平台，直接影响幼儿方案制订与实施的能力。另外，在解决问题的过程中教师的耐心等待、细致观察、适时介入，在分享评价过程中多方评价、鼓励质疑、接纳意见、完善方案等，都能促进幼儿问题解决能力的发展。

### （四）案例与策略分析

**案例3-19**

#### 科学区：滚珠子

今天的区域活动时间，沛霖、一然、承泽、煜贤来到科学区。最近这几个男孩子迷上了滚珠的游戏。沛霖说："我们轮流来玩，我先来，我就第一，一然第二，承泽第三，煜贤最晚来，你就最后。"

煜贤说："我不要最后！"

教师说："这样轮流不管谁先玩，每个人都有同样多的游戏次数。"

于是男孩子们开始轮流玩耍，只见沛霖把珠子丢开，珠子重重地砸在玻璃桌面，发出巨大的声响，然后掉在地面上。看到孩子们实验几次都是这样，教师很担心珠子会砸损玻璃，发生危险，就提醒说："你们看每次这个珠子都会砸到玻璃上，玻璃可能会坏，你们想想怎么才能避免这样重重地砸上去呢？"幼儿七言八语地讨论起来，突然承泽拿来几块毛巾铺在桌面上，说："老师，用毛巾保护好玻璃，玻璃就不会被砸坏了。"他们把毛巾铺好后，又继续游戏。这下，珠子掉在桌面也不会发出巨大的声响了。

教师及时地肯定了幼儿的想法，表扬他们积极动脑解决问题。可是又有问题了：总有珠子掉到地面，好几次都差点找不到了。没等教师提醒，幼儿便发现了这个问题。只见沛霖从另一份材料里拿来一个透明的塑料袋，把它放在轨道的末端，这下珠子就掉进了袋子。沛霖开心地举起手："耶，成功啦！"

煜贤看到沛霖成功后说："我有一个新的方法要尝试，你来帮我。"煜贤让一然把轨道倾斜，将珠子丢下，只见珠子没有进入轨道就掉在桌面。一然说："这样肯定不行的，要这样抬起来一点！"说着把轨道一边抬高，只见珠子一下就掉进袋子。

一然继续说："我想从矮的那一边试一下。"结果珠子只走了很短一段距离就停止了。男孩子们又轮流尝试不同的方法，思考珠子怎样才不会掉出轨道，怎样才能跑得更远。

煜贤充满疑问地看向教师："为什么从高的这边珠子会跑得更远呢？"

教师说："那你们有没有发现两边有什么不同呢？"孩子们有的说一边高一边低，有的说一边长一边短。

一然说："如果在小区，从很高的楼上扔鸡蛋都会砸死人！"

教师："对，从很高的地方扔东西，就算是很小的东西，也会产生很大的力，会造成很大的伤害！"

（案例来源：广州市黄埔区香雪幼儿园　逯丽丽）

**策略分析**

1. 提问启发

幼儿在游戏的过程中有可能会出现危险的行为，教师需要仔细观察，适时介入。在案例3-19中，教师前期一直在安静地观察幼儿的游戏，珠子多次掉落在玻璃桌上，幼儿却没有发现隐藏的危险，这时教师立刻进行干预。教师让幼儿关注到珠子砸到玻璃上会造成损坏，同时提出问题，让幼儿思考怎么做才能避免损坏。

2. 经验联系

在自主游戏中，教师可以抓住任何有效的机会跟幼儿解释可能出现的高阶知识，并对知识进行分析、总结，帮助幼儿提升认知水平，丰富知识经验，提高问题解决能力。例如，在案例3-19中，在幼儿发现珠子放得越高砸下来力度越大后，教师及时抓住机会，引导幼儿联系已有的生活经验进行总结升华，最后得出"从很高的地方扔东西，就算是很小的东西，也会产生很大的力"的结论，并提醒幼儿在生活中巧用这个原理，避免安全事故的出现。

---

**案例3-20**

### 生活区：煎鸡蛋

自主游戏时间到了，茵茵又来到了生活区，今天她还是计划煎鸡蛋。因为在上一次自主游戏时，她用力一敲鸡蛋，鸡蛋就流得满地都是，等她很认真清理干净以后，时间所剩不多了，就没有再继续煎鸡蛋。经过和教师的谈话，她决定今天继续来到生活区煎鸡蛋。茵茵一进入生活区，教师就特意问她："茵茵，昨天在生活区遇到了什么困难吗？"

茵茵回答说："老师，我不会打鸡蛋，我想轻轻敲开它，可是试了几次都不行，所以后来我就很用力，一用力鸡蛋就全流出去了。"

---

　　教师继续追问："那今天有没有想到什么办法让鸡蛋能完整地打进碗里?"茵茵有点茫然。

　　在最近几次的煎鸡蛋活动中,教师发现煎鸡蛋对成人来说非常容易,但对小朋友来说却并不简单。面对圆圆的鸡蛋,小朋友们有些束手无策,因为怕鸡蛋流得到处都是,就用很小的力气在桌面上敲鸡蛋,但往往尝试多次没有什么进展,鸡蛋还是完好无损。

　　于是教师拿起一个鸡蛋,请生活区的小朋友们仔细观察教师敲鸡蛋的过程:"用鸡蛋圆鼓鼓的中间部分敲桌子边,你会看见鸡蛋表面碎了一点,接着用两只手的大拇指慢慢将蛋打开,将蛋液放入碗内,就成功了。"看了教师的示范后,茵茵马上就实践起来,鸡蛋被完整地打进了碗里。

　　茵茵:"你们看,这个鸡蛋有两个蛋黄。"

　　在打散鸡蛋的时候,茵茵貌似遇到了一点问题,有一个蛋黄用筷子怎么打都打不散,她一直在说:"怎么回事啊?这个蛋还是圆圆的,一直弄不开。"

　　教师:"你用筷子戳一下再搅拌,看看会怎样。"

　　成功打散之后,她的脸上露出了笑容。准备工作完成,接下来就开始煎蛋了。煎蛋器通电之后,就是亮灯的状态。教师问茵茵:"灯是亮着的,可以放鸡蛋吗?"茵茵摇了摇头。不一会儿茵茵激动地指着煎蛋器说:"老师,你看,灯不见了。"教师点头示意她可以加油煎蛋了。

　　倒好了蛋液,新的问题又出现了,如何将鸡蛋翻面呢?茵茵先用铲子翻,尝试了五六次,就是翻不了面。这个时候茵茵开始不耐烦起来。

　　教师走过来,茵茵有点情绪低落地说:"我想把这个蛋翻到另一面,可是总是翻不过去,总是叠在一起。"

　　教师暗示道："找其他工具一起帮忙会不会好一点？"茵茵看到旁边有筷子，她拿着筷子夹着鸡蛋容易重叠的地方，终于成功了。教师见状给她竖起了一个大拇指，茵茵脸上也露出了满意的微笑。

　　一边的嘉颖也遇到了同样的困难。教师见袁颖捣鼓了很久，就对茵茵说："她好像遇到了困难。"茵茵立刻就过去帮忙，两个人用铲子和筷子一起合作，成功将鸡蛋翻面。茵茵第二次自己煎蛋的时候又探索出用两把铲子翻面的方法，这种方法更好上手。在分享环节，茵茵展示了她的计划，讲述自己遇到了什么问题，问题是怎样解决的。小朋友给她报以热烈的掌声。

（案例来源：广州市黄埔区香雪幼儿园　蔡星玥）

**策略分析**

1. 同伴支持

　　在幼儿游戏时，教师需要适时适当地介入，鼓励幼儿进行探索，促进幼儿互相交流。在案例 3-20 中，教师关注到嘉颖遇到的困难，但是没有直接进行指导，而是引导茵茵帮助嘉颖，发挥了同伴互助的作用。

2. 激励评价

我们相信每个幼儿都是有力量的学习者，只要我们给幼儿充足的时间、空间和支持，他们就可以解决生活中遇到的大部分问题。但是幼儿问题解决能力存在着较大的差异。有些幼儿在遇到问题的时候，能够心平气和、积极主动、充满智慧地去解决；有些幼儿则容易着急、退缩，甚至放弃。因此，在问题解决过程中，经常受挫的幼儿更需要教师的关注与支持。有时候教师一个鼓励的眼神、一句鼓励的话、一个简短的解释或许就能帮助到这些幼儿，激励他们解决问题，获得良好的体验，增强自信心，丰富知识经验，从而提高问题解决能力。在案例3-20中，教师对幼儿的关注、在幼儿成功解决问题后的肯定，都给予了幼儿莫大的鼓励，支持着幼儿在游戏中的探索。

3. 反思与回顾

在幼儿通过各种努力解决了具体问题之后，教师应该鼓励幼儿主动回顾问题解决的整个过程，并以适宜的形式与教师或者同伴交流。受年龄特点限制，幼儿解决问题的过程相对比较短，对问题的认识有时候仅仅停留于表面，思维水平处于较低层次水平，进行迁移的能力弱，所以教师更要重视幼儿对问题解决方案的反思、评价、交流，这样有助于幼儿体验问题解决后的喜悦感，强化问题解决的积极性，逐渐养成积极的问题解决态度。反思与交流也可以帮助幼儿积累丰富的问题解决经验，巩固学习成果，发展问题解决的技能。当新问题出现时，幼儿能够举一反三，进行迁移运用。例如在案例13-20中，幼儿在教师的支持下顺利完成了煎鸡蛋的小任务，在活动结束后，教师邀请茵茵在小朋友面前分享了自己遇到的问题以及解决问题的策略。

# 第四章

## 自主游戏中幼儿深度学习的表现性评价

客观准确地评价幼儿，是专业型教师必备的技能。学习如何评价幼儿，以及如何运用评价结果来调整课程计划和教学工作，是幼儿园教师专业发展的重点和难点。现有的儿童学习质量评价模型，多以教学目标作为评价导向，倾向于对行为进行测量或对学习结果进行评析，这类模型应用在幼儿游戏活动中，容易忽略深度学习发生的起因和过程。

在此，我们暂不对幼儿深度学习评价进行全面专门的论述，考虑到自主游戏中幼儿深度学习评价的特殊性，我们将更关注对幼儿发展水平和现状的表现性评价，将评价目标指向幼儿在实际情境中情感、知识、技能的学习和应用过程；评价的指标涵盖情绪情感、认知发展和经验迁移，以便一线教师观察幼儿的学习状态、遇到的困难以及解决问题的具体过程，并利用评价结果进行自我反思。

# 第一节 自主游戏中幼儿深度学习的表现性评价

评价幼儿学习与发展的能力是许多国家幼儿园教师专业标准中对教师专业能力的要求。我国《幼儿园教师专业标准（试行）》指出，幼儿园教师应具备激励与评价能力，具体体现为关注幼儿日常表现，及时发现和赏识每个幼儿的点滴进步，注重激发和保护幼儿的积极性、自信心；有效运用观察、谈话、家园联系、作品分析等多种方法，客观、全面地了解和评价幼儿；有效运用评价结果，指导下一步教育活动的开展。在教育教学过程中，很多幼儿教师的评价行为仍不理想，对评价功能的认识存在偏移，更多强调对纪律的规范[1]，或借助评价对幼儿进行区分、筛选。同时，幼儿教师评价行为存在评价内容浅显、

---

① 王飞. 幼儿园音乐活动评价存在的问题及其改进 [J]. 学前教育研究，2017（11）：64-66.

评价时机和频次不当、无效评价较多等问题。① 教师对幼儿活动本身缺乏深入的探讨，对幼儿自主游戏活动过程中表现出来的专注、思考、讨论、合作、钻研没有给予足够的关注，而这些恰恰是影响幼儿进行深度学习的重要因素。

作为一种质性评价方法，表现性评价注重评价问题的真实性和情境性，教师观察学习者在情境中的学习过程，判断学习者在情感态度、知识运用、交流合作、问题解决、批判性思维等方面的发展水平，并为改进教学提供依据。在学前教育领域，我们倾向于将表现性评价定义为：根据幼儿在真实或有意义的任务或活动情境中的实际表现，评价幼儿对周围事物或者关系的认识与理解，对知识与技能掌握的程度，以及问题解决、交流合作和批判性思维等多种复杂能力的发展状况。

## 一、表现性评价在幼儿深度学习中的优势

与传统的标准化评价方式相比，表现性评价这种非正式评价是用质性观察的方法来描述发生在特定情境下的学习行为。表现性评价在学前阶段的应用有其独特的优势。

### （一）表现性评价适合幼儿的发展特点

人们往往很难通过纸笔测试、访谈等方法对幼儿进行评价，因为幼儿语言的理解与表达能力仍十分有限，更擅长通过操作来表现自己的理解。

表现性评价通常是教师通过让幼儿执行日常生活中的任务或活动来评价幼儿发展状况的，它具有以下特点：①评价目的是为教师的"教"和幼儿的"学"提供信息，并为改善教与学提供依据；②在日

---

① 张森．游戏中教师评价行为的问题及策略分析［J］．早期教育（教育科研版），2016（03）：38-41.

常生活和学习活动中进行；③评价具有目的性和系统性。

幼儿的认知发展处在前运算阶段，一般需要通过操作活动来表现自己对周围事物及其关系的理解，而表现性评价正是通过幼儿的外显性行为指标来帮助教师判断幼儿的发展水平，是一种适合幼儿的评价方式。

### （二）表现性评价适合教师对幼儿展开评价

学前教育的发展对一线教师在专业知识和专业能力方面提出了越来越高的要求。幼儿教师深知教学质量评价的重要性，并且能通过简单的方法评价幼儿在教学或游戏活动中的行为表现，从而判读幼儿的发展水平和经验水平，然而这种简单的评价常具有很大的主观性和直觉性，一般来说，教师对幼儿需要记忆、理解的知识型经验的判断较为准确①，但对那些需要幼儿专注、分析、推理、分类、比较、批判、反思的品质型经验则难以判断，而后者恰恰是深度学习的特征。基于品质型经验的质性评价方法有很多种，但准备文字信息和一手资料给幼儿教师带来很大工作量，很多教师常以一种流水账的形式去记录幼儿的学习过程，主观性较强，难以分析背后深层原因，更别说根据评价来反思自己的教学行为及为幼儿提供个性化的教学了。

表现性评价让幼儿通过执行日常生活中的任务或活动来展示他们的知识技能和人格特征，非常适合教师随时对幼儿进行评价。

### （三）表现性评价更加关注幼儿学习的过程

主动探究、高阶思维、知识整合、经验迁移是深度学习的主要特征，而表现性评价正是为了了解幼儿的学习过程，为了教学而评价，可以说为教师发现幼儿学习过程中的思维表现、经验发展、问题解决

---

① 熊庆华，庞丽娟，陶沙，等．教师对幼儿数学能力评价准确性的研究［J］．学前教育研究，2003（2）：29-31.

过程提供了方法。

## 二、表现性评价的具体方法

常见的表现性评价方法有幼儿档案袋评价、作品取样、桥梁式评价等，评价者通常是在教育过程中收集幼儿作品、语言文字、创作过程等一手资料，对幼儿进行评价。

### （一）档案袋评价

档案袋评价主要是收集幼儿的作品、计划、活动照片以及家园联系手册、教师观察记录、测查数据等，用以评价幼儿在一定时间内各方面的发展、进步和成长。

档案袋评价以幼儿在日常过程中表现出的信息为评价依据的，具有情境性、"教学评"合一的特点。一方面，档案袋评价有助于教师及时掌握幼儿的学习状况，对幼儿发展水平进行评估，并调整教学策略，制订个性化指导计划，更好地促进幼儿的发展。另一方面，家长也可以作为评价者，查看一段时期内某一领域的发展情况，了解幼儿的成长过程和发展现状。

如幼儿在种植区自主观察植物的生长过程，并进行了一个月的记录。教师可以根据其记录表对其观察能力、兴趣、书面表征能力和书写能力等方面的发展进行纵向评价。同时，又可以结合其他幼儿的记录表进行横向比较，综合反思种植区是否需要加入更多材料，是否需要调整指导策略等。

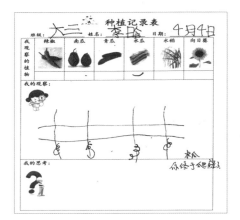

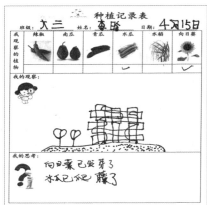

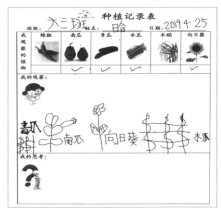

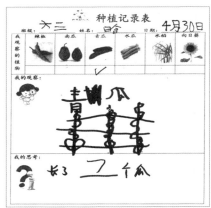

## （二）作品取样

幼儿在游戏过程中会产生各种作品，这些作品包括绘画作品、手工作品、建构作品等实物作品以及故事等非实物作品，可以反映出幼儿情绪状态、思维过程、技能水平和表达水平。教师对幼儿作品进行取样，可以看到幼儿在游戏中的真实表现。作品取样评价可以分 3 个步骤开展：第一步，制定幼儿发展评价的框架，可以依据《3—6 岁儿童学习与发展指南》或是园本课程目标，制定不同游戏类型中幼儿发展水平检核表；第二步，利用文字、视频等分阶段收集和记录幼儿在不同游戏类型中的作品，形成作品集；第三步，根据幼儿发展水平检核表及幼儿平时的游戏表现对幼儿进行评价，综合分析幼儿的发展状况。

以幼儿户外建构游戏为例，教师可收集的幼儿作品有建构计划表、建构作品以及相关照片和视频等。如在户外建构主题"香雪集市"活动中，幼儿根据记忆中春节期间集市上的热闹景象，开展了情境再现的游戏体验活动。幼儿在建构计划表中呈现了他们建构集市的想法，家长在幼儿计划的基础上加以文字补充，教师及时了解幼儿的兴趣和发展，并为幼儿提供支持。

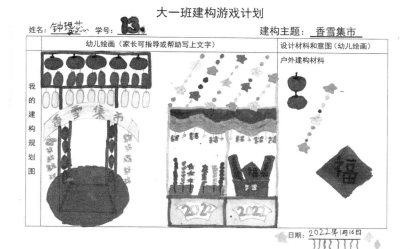

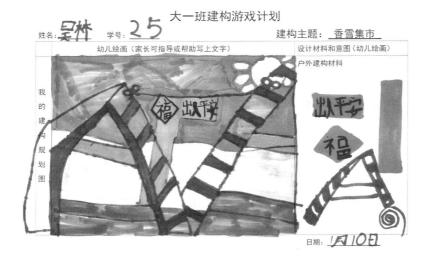

（三）桥梁式评价

桥梁式评价由陈杰琦和吉利安·麦克纳米教授在 1999—2001 年研发，于 2002—2004 年在伊利诺伊州芝加哥的幼儿园进行了试用，于 2005 年开始正式使用。桥梁式评价基于加德纳多元智能理论，把从评价幼儿转移到评价幼儿参与的各种活动。不同于其他评价方式将注意力集中在幼儿某一领域的能力上，桥梁式评价的重点是活动本身，评价者多为一线教师。对活动的评价受到幼儿技能、能力、人格，以及教师和任务本身的影响。现有的桥梁式评价在语言、视觉艺术、表演艺术、数学、科学方面有规范化的评价体系，每个领域各有 3 项任务，共 15 个教育活动，根据幼儿的表现情况打分。

## 三、自主游戏中幼儿深度学习的表现性评价指标

当前很多幼儿园在进行幼儿发展评价时，采用描述性评价方法，并常因为缺乏科学指导和研究分析，导致观察评价的框架和指标含糊不清，得到的信息不能完整地反映幼儿的水平，教师只能凭直觉进行粗略估计。因此，在自主游戏中，针对幼儿深度学习的表现性评价，需要制定结构化的评价指标。

评价目标是表现性评价指标的出发点和落脚点。比如，在对幼儿自画像绘画水平评分时，依据线条流畅度、色彩丰富度、画面整洁度来给作品评分，与依据人物细节和环境丰富程度、多种艺术元素运用来评分，肯定会得到不同的结果。因此评价目标的确定以及根据目标制定的指标非常关键。

幼儿深度学习的程度是表现性评价指标制定的依据，即根据自主游戏的特点对幼儿投入的情感和兴趣、已有知识的迁移和运用能力、问题解决的方法等进行评估。例如在户外自然探索游戏中，教师带领幼儿在户外搜集大自然界的材料，收集回来后，让幼儿对自己收集到的材料进行分类和展示，并进行小组分享。通过对幼儿寻找材料的过程及对材料的归类进行分析，可以了解幼儿对自然探索的兴趣程度，了解幼儿对物的组成、环境与机体关系的认识及利用分类方法解决问题的能力等。

我们根据自主游戏及幼儿深度学习的特点，从表现性评价的层面出发，制定了《自主游戏中幼儿深度学习表现水平评价指标》（见表 4-1）。

表 4—1　自主游戏中幼儿深度学习表现水平评价指标

| 评价指标 | | 具体指标 | 水平 1 | 水平 2 | 水平 3 |
|---|---|---|---|---|---|
| 情绪情感 | | 游戏兴趣 | 不参与自主游戏，或者看着别人玩 | 愿意听教师讲解，选择材料开展游戏，但在游戏时，没有自己的想法，被动听从别人的安排 | 1. 在分享时，经常提出问题和发表意见；<br>2. 在游戏中，会有目的地寻找材料，有计划地游戏，并能够积极丰富或深入探寻不同的玩法；<br>3. 在总结环节，总能发现问题和亮点，提出建设性的意见 |
| | | 情绪管理 | 消极情绪为主，表现为忧郁、悲伤，易怒；短时间难以调整自己的情绪，不善于管理自己的情绪 | 在教师的提醒下，能注意自己的言行举止，对教师设计的自主游戏材料感兴趣，并能很快调整自己的情绪，快速投入到游戏中 | 1. 大多数时候都表现出积极的情绪；<br>2. 当情绪不佳，对自主游戏不感兴趣时，能自我调节情绪 |
| | | 同伴交流 | 倾向于独自游戏，不主动寻求其他同伴的合作，不主动加入他人的游戏，容易与同伴发生冲突 | 1. 主动选择同伴一起游戏，但游戏中没有固定的玩伴，没有小组归属感；<br>2. 在同伴提出新的想法和不同的意见时，不容易接纳他人的想法，坚持己见 | 1. 主动寻找同伴，自由选择游戏类型，能商讨自己在游戏的内容和玩法；<br>2. 会向同伴提供自己的建议和想法，知道自己在游戏中的任务和角色，会主动帮助他人；<br>3. 遇到矛盾时，能做好情绪管理并及时解决矛盾 |

续表

| 评价指标 | 具体指标 | 水平1 | 水平2 | 水平3 |
|---|---|---|---|---|
| 情绪情感 | 投入程度 | 对选取的材料和主题投入时间短，经常更换材料或游戏区，在游戏场地中游走，遇到困难时采取消极态度甚至放弃 | 1. 参与游戏，但投入人的时间短，容易被外界的声音和行为干扰；2. 偶尔更换游戏材料或游戏区域；3. 遇到困难时能够主动思考，或寻求成人帮助 | 1. 参与游戏的过程中高度投入，且持续的时间长；2. 能和同伴共同完成某一主题或内容的游戏，所选择的游戏区域和材料较为稳定，不随意更换；3. 外界的声音和其他同伴的行为对其影响不大；4. 遇到问题时锲而不舍，反复思考，试误，寻找解决办法，更加倾向于独立自主地解决问题 |
| 认知发展 | 问题意识 | 不能发现游戏中的问题，经常重复简单的游戏 | 能发现游戏中常出现的简单问题，能用言行表达出来，且愿意尝试着去解决问题 | 1. 对习以为常的事情会问"为什么"；2. 会通过多种方式表达自己的疑问，能主动分析问题，并找到问题产生的原因 |
|  | 思维程度 | 对知识经验的简单描述，记忆或复制，停留在"知道"的水平 | 对知识经验能够达到理解的程度，知道"是什么"，粗浅明白"为什么" | 对知识经验有较深层次的理解，可以在不同情境中实现知识迁移和应用，能够展开深度理解、高阶思维活动 |
|  | 计划反思 | 计划时能够明确游戏目标，自主选择游戏材料，知道玩什么 | 1. 愿意制订游戏计划，思考玩什么、需要使用什么材料，和谁一起玩；2. 游戏过程中遇到困难能够主动思考解决策略或求解他人 | 1. 能够自主制订计划，并能预先思考玩什么、怎么玩，和谁一起玩，玩游戏时需要使用什么材料；2. 当游戏过程中遇到困难，或实际情况与原来的计划冲突时，主动思考如何调整和解决出现的问题；3. 游戏过程中能够适时反思，总结问题解决的策略 |

| 评价指标 | 具体指标 | 水平 1 | 水平 2 | 水平 3 |
|---|---|---|---|---|
| 经验迁移 | 知识经验 | 没有或很少有与当前游戏内容等相关的知识、经验和技能 | 拥有基本的知识、经验、对当前游戏所需的经验和技能有较多的储备 | 1. 拥有对该年龄段来说较全面的知识、经验；<br>2. 能将实际生活中的经验进行整合并运用到游戏中 |
| | 类比迁移 | 相关的前期经验比较少、难以将这些经验与正在开展的游戏进行联系 | 有相应的前期经验，在教师的指导和支持下，能较快地调动前期经验、解决游戏中面临的问题 | 1. 有丰富的生活经验，形成对该年龄段较完善的认知结构；<br>2. 能灵活地将材料组合，创新性地做游戏；<br>3. 在遇到问题时，能仔细分析，主动思考解决办法 |
| | 问题解决 | 游戏过程中经常停滞不前，难以应对一些本年龄阶段可以解决的问题，遇到问题易退缩，选择忽视或回避 | 1. 能偶尔发现游戏中的问题，并进行简单描述；<br>2. 遇到问题尝试解决 | 1. 问题意识较强，能在计划环节预估可能会出现的问题，并能说出相应的备选方案；<br>2. 在自己或小组成员遇到问题时，能够积极想办法，并付诸行动，直到问题解决；<br>3. 遇到问题时持较积极的态度，享受问题解决的过程 |

# 第二节　自主游戏中幼儿深度学习的评价过程

自主游戏中幼儿深度学习的表现性评价是利用常见的游戏活动，创设具体的任务情境，让幼儿以原有的知识和经验为基础，解决相应问题或展示知识、经验的过程性评价。在这一过程中，教师能观察到幼儿对待任务的情感状态、知识经验的迁移能力以及解决问题的思维过程。一项好的表现性评价任务可以探析幼儿的知识建构和思维过程，观察幼儿的表现能力。因此，设计一项评价幼儿深度学习的游戏任务至关重要。

## 一、明确评价目标

自主游戏中幼儿的深度学习主要体现在情绪情感、认知发展和经验迁移方面，表现性评价的目的是了解幼儿在游戏中的深度学习状态，发现幼儿现有的知识经验水平和学习需要，并为教师的教学指导提供依据，促进幼儿在游戏中有更深层次的学习。

## 二、设计评价任务

表现性评价是结合具体的游戏内容，在幼儿熟悉的游戏情境中开展的。从广义上来说，每一个自主游戏活动都可以视为一个表现性评价活动。但是幼儿园自主游戏类型众多、内容繁杂，教师不可能也没有必要针对每个游戏活动进行评价。因此，自主游戏中幼儿深度学习的表现性评价任务不仅要指向游戏任务所涵盖的关键经验，还要指向幼儿的知识经验建构过程和解决问题时的思维过程。评价任务的确定需要考虑 3 个方面：一是评价任务是否是该类自主游戏的典型活动；二是评价任务是否全面涵盖了幼儿深度学习的特点；三是评价任务的内容是否具体。

# 三、梳理评价流程

幼儿园可以成立评价小组，反复研究每一类自主游戏的特点，幼儿在游戏中可以进行的深度学习，每种自主游戏的代表性游戏内容、组织形式和指导方式。一般来说，自主游戏中幼儿深度学习的评价过程包括以下 4 个步骤。

## （一）准备材料和辅助工具

不同于传统的纸笔测验，表现性评价主要是通过情境任务来测评学习者的学习效果。教师的评价过程也即幼儿的游戏过程。自主游戏中幼儿深度学习的评价任务必须是贴合幼儿生活实际的游戏，教师需要挑选适宜的游戏材料来支持幼儿游戏。例如评价幼儿木工游戏活动中幼儿的深度学习，游戏材料就应该包含不同形状、大小的木块和木片，各种胶类工具、裁剪类工具等。

除了幼儿游戏材料，教师在开展评价时也需要一些辅助工具，如摄像机、照相机、纸笔等，以便及时记录幼儿游戏过程中的表现，提高评价准确度。

## （二）确定组织形式

表现性评价的组织形式，可以是个别评价、小组评价和集体评价。个别评价常用于较安静的、需要独立完成的评价任务，例如在阅读区评估幼儿理解语言符号、推断插图与文本关系的能力和阅读习惯时，应采用一对一的形式。小组评价一般可以根据自主游戏区域的游戏主题和所能容纳的人数来确定。集体评价可以整个班级同时进行，如户外建构游戏、自主绘画游戏等都可以是全班幼儿共同参与，教师可以重点关注部分幼儿，也可以利用辅助设备进行录制，然后一一对幼儿进行分析。

表现性评价的主要操作者是一线教师。考虑到评价效率和评价效果，教师一般会采用小组评价的方式。这种评价方式既有利于教师发现幼儿在游戏任务操作过程中的表现，又不会让教师的观察评价成为额外负担，同时多人游戏也有利于发现幼儿在合作学习、同伴交流、独立思维等方面的表现。

### （三）明确指导语

在评价任务开始之前，教师要自然地将幼儿带入游戏任务中，让幼儿感受到这是在玩一个普通的、好玩的游戏。同时，教师要规范指导语，清楚地表达此次任务的要求，让幼儿知道自己要做什么。例如，评价幼儿在音乐表演游戏中的表现时，教师可以在表演区非常轻松地邀请2—4名幼儿自选乐器演奏一首熟悉的歌曲，引导幼儿："你们想演奏什么歌曲呢？""你们先听一遍音乐，然后去选择一种乐器，一起来演奏。你们准备好了就可以告诉我。"

### （四）收集信息并进行分析评价

表现性评价的主要目的是调整教师的教和促进幼儿的学。评价目的不是给幼儿分等级，而是便于教师通过观察，记录幼儿的行为表现，了解幼儿已掌握的知识、技能以及情感发展情况，并根据结果来调整课程计划和教学内容。

在幼儿完成评价任务的过程中，教师要及时捕捉反映幼儿深度学习的相关信息，这些信息包括但不限于幼儿语言、表情、动作等以及幼儿的作品，教师也可以拍照或录像。收集信息后，就需要根据评价指标进行分析。需要注意的是，表现性评价是为教学服务的评价，在教师对幼儿完成相应的测评后，还要对幼儿的进一步发展提供建议，例如游戏的时间和空间是否需要调整，需要丰富哪些材料，创设怎样的环境会更吸引幼儿参与游戏，如何为幼儿储备相关的游戏经验，在提升幼儿游戏经验和促进幼儿深度学习方面家长可以怎么做等。

### （五）注意事项

与其他评价方法相比，表现性评价需要大量时间，尤其是要对幼儿某个方面进行深入评价时，更需要长时间关注他解决问题的过程。所以，当教师要使用表现性评价时，一定要思考评价内容的重要性。教学活动或游戏活动的时间有限，教师开展表现性评价的频次也不会太高，所以要确保每一次表现性评价都能涉及关键知识和技能。

此外，表现性评价需要教师具备一定的理论水平和评价技能，客观地评价幼儿的行为表现，尽量克服主观偏见。教师常见的偏见有 4 种：一是宽松误差，即评分过高，高估幼儿的发展水平；二是严格误差，即评分过低，低估幼儿的发展水平；三是集中趋势误差，即教师在对每个幼儿或每个项目评分时，不给高分也不给低分，集中给一个中间分数；四是晕轮效应，即对某个幼儿有偏爱或者偏见，从而对他在很多标准上都打高分或低分。

教师最好预先接受相应培训，确保评分者信度一致性较高后再开展相应的评分工作。同时，要注意不能因为幼儿在某一方面得分暂时较低就判定幼儿能力弱，而是应该将幼儿当作一个整体、一个发展的人，发现幼儿的最近发展区，调整教学，促进幼儿的发展。

# 第五章

## 自主游戏中幼儿深度学习的案例分析

游戏是幼儿学习的主要方式。为了探究幼儿在自主游戏中的学习状况，我们一直在进行自主游戏探索，并从近 5 年的优秀实践案例中遴选出 8 个典型案例。这些案例都是幼儿自主发起的游戏，幼儿在游戏进程中遇到了各类问题，教师利用环境创设、材料提供、观察记录、计划反思、鼓励引导等方式，适宜地支持和引导幼儿游戏中的深度学习。

# 第一节　户外自主游戏案例

## 游戏案例一　户外建构游戏：广州地铁 6 号线

### 一、游戏背景

户外建构游戏深受大一班幼儿喜爱，特别是开展"交通工具"主题后，幼儿对自己的建构能力越来越自信。他们在建构"双层巴士"游戏后，逐渐将兴趣转移到了地铁上。

在地铁游戏中，安检处的搭建经历了一个从无到有、从有到优的过程。随着幼儿对地铁的感知经验逐渐增加，游戏的情境不断丰富，教师采用各种指导策略，引导幼儿专注游戏，鼓励幼儿主动探究，并与幼儿共同反思游戏中的不足。在游戏中，幼儿开展合作，尝试解决问题。

### 二、游戏过程

#### 情境一　无所事事的彰彰

幼儿建构游戏的兴趣转移到了"搭建地铁"上，但是由于相关经验的缺乏，大部分幼儿只知道地铁是在地下行驶，部分坐过地铁的幼儿说，地铁里面还有售票处、小卖部等。

游戏开始了，幼儿将材料推了出来，大部分男孩都去搭建地铁，彰彰也参与了，拿着一个纸砖块绕着地铁转悠。在平常的活动中，彰彰的注意力容易分散，很难长时间专注在一件事上。

教师："彰彰，刚才讨论的时候你是在哪个组？"

**观察解读：** 教师细致观察幼儿的游戏状态，敏锐发现指导时机，及时评测和分析幼儿的现状，帮助幼儿寻找问题，引导幼儿主动游戏。

**计划制订：** 在教师的帮助下，幼儿逐渐明晰自己要建构的内容。

**情境创设：** 教师通过提示以往经历，提供富含情境性、趣味性的游戏材料，提高了游戏的情境性和幼儿参与的积极性。

彰彰："……"

教师："你想加入他们搭建地铁吗？"

彰彰摇了摇头。

教师："那想想你接下来要做什么。地铁里面还有什么？"

彰彰环顾四周，眼神停留在了门口，说："哦，我知道了，这里还差一个检查的地方。"他说完就跑去拿来了一个拱门，一个简易的"安检通道"建好了。

教师："这个门有什么用呢？"

彰彰："每个要坐地铁的人，都要过这个安检门啊，检查他们有没有携带危险物品。"

教师："那你来负责安检吧。安检人员有专门的衣服！想一想我们这里有没有合适的衣服。"

彰彰似乎被点醒了，立即跑向后园野战区，穿上了野战服，同时还拿来野战游戏用的枪、头盔和眼镜。穿戴好后，他笔挺地站到拱门边。

### 情境二　摇晃的行李安检仪

5分钟过去了，彰彰仍然笔挺地站在安检口。教师走过来问："这里是安检处吗？我可以进去吗？"

彰彰："可以，但是你要从这个门进去。"

教师："我这里还有很多行李，需要安检吗？"

彰彰思考了一下，放下手中的枪，把旁边的一个用细圆柱支撑的双层架挪过来，一个行李安检仪马上就建好了。教师小心翼翼地把行李放进安检仪，但安检仪晃晃悠悠地塌了。彰彰没有办法，只能放下枪，重新搭建。

### 情境三　安检门太矮了

众所期待的游戏体验环节到了，乘客们排着队准备去乘坐地铁了。教师在彰彰的指引下，将行李放上安检仪，弯着腰艰难地钻过了安检门。幼儿看见后，纷纷"投诉"："你这个门太矮了！"

**提问启发：** 教师通过提问启发幼儿思考。一个简单的疑问创设了一个问题情境，促使幼儿发现自己当前游戏中存在的问题。

**隐性暗示：** 教师明明知道安检仪不稳固，却没有直接点明，而是给幼儿一个机会，让他自己去发现。但幼儿也只是发现了"不稳固"这个问题，而并没有去分析问题产生的原因，更没有去思考如何解决这个问题。

**隐性指导：** 巧用暗示性的行为和语言，激发幼儿反思作品存在的问题。

彰彰不好意思地说："那我把这个门抬高一点。"几名热心的男孩就地取材，拿来两只空筐，将安检门垫高了。

乘客们又重新排好队，拿上自己的行李，来到安检处。轮到徐园长过安检了，彰彰立即警觉起来，将"武器"对准徐园长，嘴里还发出嘀嘀嘀的警报声。

徐园长举起手："我是好人，为什么要用武器对准我？"

彰彰："你的行李里面有危险品，不能乘坐地铁！"

隐性暗示：教师以游戏角色参与幼儿的游戏，活跃了游戏气氛。

## 情境四  你有什么好的建议？

游戏结束后，教师与幼儿一起回顾，请幼儿分享建构活动中自己的作品，讲述自己的发现。彰彰分享了他的安检门和行李安检仪后，自信地讲了一下乘坐地铁的规则，叮嘱小朋友们下次乘坐地铁时，一定要遵守规则。

教师："大家有什么建议给彰彰吗？"

玥玥："门太矮了，每次过的时候，都要很小心。"

浩铭："行李安检仪很不稳！"

子杨："还要多几个保安，一些负责检查人，一些负责检查行李。"

教师："那彰彰接下来要改进一下吧！我们期待你的作品。"

为了使自主建构游戏更加深入，教师接下来对分组和计划再次做了引导。

**反思回顾：**彰彰只停留在回忆游戏情节上，而没有深入思考游戏作品存在的问题，于是教师利用同伴的建议，激发幼儿反思。

**计划制订：**自主游戏不是幼儿随意选择游戏、无目的地游戏，"计划制订"这一个环节，能让幼儿更加明晰自己的目标，更加主动地去思考如何达成这一目标。

## 情境五  安检处应该是这样的

在第二次的搭建中，安检处显得更加人性化了：有高高的安检门、宽而稳的行李安检仪，还有充足的安检人员。

只见几名安检员穿戴整齐，笔直地守在安检口。教师装扮成乘客过来问："请问，我进去后怎么买票啊？"

彰彰："喏，那里就是售票处啊！"彰彰随手一指。

**提问启发：**幼儿往往只是关注当下的活动，缺乏整体思考。通过提问而不是直接告诉幼儿答案，可以启发幼儿积极主动思考、协商合作、迁移经验，寻求解决问题的办法。

教师嘟囔着："要是能给我们安排一条路就好了，我们也不会在地铁里面迷路了。"

听到教师的困惑后，桐桐放下手中的枪，推来一筐纸砖，在安检处和售票处之间搭建了一条小路。

经验联系：幼儿是在操作中思考的，当他获得某方面经验后，能很快意识到同类问题，并将经验迁移，解决新的问题。

在建好购票通道后，桐桐自己走了一遍，似乎并不满意，她用筐里剩下的纸砖继续铺了一条从售票处通向闸机的路。站在闸机旁边的子洛看见了，拿来一些木块，帮助桐桐铺路。

**情境六　参观地铁 6 号线**

在例行开展的分享与反思环节中，幼儿又提出了很多的改进意见。

浩然："地铁上面的砖头都砸到我的头了，乐乐肯定没有把地面上的马路建好。"

梓欣："检查行李的机器是自动的！他们这个一碰就倒。"

教师："我也觉得行李安检仪不太稳，而且太小了，我提的棉被袋子就放不进去。"

静雅："排队买票的人太多了。"

"需要一个自动售票机。"坐过地铁的梓欣说。

子杨："还要播报地铁到了哪里。"

教师："我还在地铁里面迷路了，不知道哪里是进，哪里是出。"

茵茵："我们写字贴上去不就行了吗？"

……

教师："你们说的这些问题和解决方法都很好，但是具体怎么做呢？我建议周末的时候，你们和爸爸妈妈去乘坐一次地铁，看看我们还有哪里需要再补充的。"

在第三次游戏中，安检处有了醒目的标志，并增加了一道门，方便没行李的乘客快速进地铁，自动售票机、地铁的进出站标志也一一完善了。

**家长资源：** 利用家长资源丰富幼儿生活经验，并促进幼儿经验的迁移，从而支持幼儿游戏。

## 三、教师反思

### （一）丰富幼儿生活经验，促发幼儿内在游戏动机

幼儿在感兴趣的游戏中能表现出更大的热情和潜力。当幼儿对自然现象、周边环境、同伴关系等表现出好奇时，教师和家长应该利用相应的资源，进一步激发幼儿的探索欲，引导幼儿深度学习。因此，教师和家长在游戏前期对幼儿的生活经验铺垫非常重要。

在本案例中，家长带领幼儿实地考察、搭乘地铁，甚至参观地铁博物馆，丰富了幼儿的直接经验；家长和教师共同协助幼儿制订建构计划，帮助幼儿进行多种表征。这丰富了幼儿的生活经验，是他们继续创作的灵感源泉。

### （二）敏锐观察幼儿，多方面提供支持

教师的观察及支持是激发、维持、提升幼儿深度学习的关键要素。对于教师而言，促进幼儿深度学习的难点是对幼儿行为的敏感觉察。在实践场域中，很多教师难以把握指导的要点和时机，影响了教师支持的"催化剂"作用。但在自主游戏中，幼儿的"游离状态"能够清晰地被教师识别，教师亦能及时提供支架，促进幼儿的高阶认知及深

度学习。

本案例中，教师及时发现幼儿知识经验不足、问题意识缺乏、计划与反思能力不足等问题，通过引导计划制订、创设问题情境等方式有效支持幼儿的内在学习动机，深化幼儿的游戏体验，推动幼儿的学习朝持久、长效、纵深的方向发展。

### （三）重视游戏计划，引导幼儿自我反思

自主游戏的质量在一定程度上取决于幼儿的游戏计划。在开展自主游戏前，教师可以引入游戏主题，协助幼儿自主制订计划，并用图文表示。游戏计划可以张贴起来，让环境"说话"，也可以是进行分享和讨论，以便幼儿能更加明确自己的目标，主动思考如何达成这一目标。

在"地铁6号线"的不断完善中，教师通过分享计划、引导幼儿反思与回顾、提出改进意见等途径，提升了幼儿在游戏中自我计划、自我监控、自我调节等元认知能力，持续巩固、深化幼儿的深度学习过程。

教师促进幼儿深度学习的策略体现在游戏的过程中，既包括前期经验的铺垫、环境的创设，也包括游戏过程中的指导、游戏前的计划和游戏后的反思。促进幼儿深度学习需要教师持续探索并反复检验各种指导策略。

## 四、评析

由主题活动广州交通衍生的自主游戏广州地铁6号线，源于幼儿的兴趣，幼儿在活动中不断发现问题、解决问题，走向深度学习。在整个游戏过程中，我们可以看出经验积累和经验迁移是促进深度学习的支撑点。

在自主游戏活动中，人们往往忽略教师的重要作用，曲解自主的

含义，导致"随意玩"的热闹过后，幼儿收获甚少。但在本案例中，为什么彰彰小朋友可以从最初的无所事事转向全身心投入？为什么游戏内容由最初的单一地铁延伸到丰富、真实的场景再现？教师的观察及支持在其中发挥了重要作用。

从调动幼儿兴趣到幼儿探究结束，教师始终都以观察者的身份快速分析幼儿的游戏状态，及时捕捉幼儿遇到的问题，利用隐性暗示、开放性提问、经验联系等多种指导策略，唤起幼儿主动学习的积极性。同时，充分利用家长资源，鼓励亲子参观、乘坐地铁，了解地铁站和地铁，一起完成广州地铁6号线的调查，建构了良性的学习共同体，经验的铺垫也让活动高潮迭起。教师通过对幼儿经验的提炼、整合及提升，使幼儿零散、碎片的知识经验得以持续生长并逐渐系统化。

（案例来源：广州市黄埔区香雪幼儿园

黄　菲　钟结华　朱中淑）

# 游戏案例二　户外建构游戏：双层图书馆

## 一、游戏背景

在开学初的假期趣事分享中，多个幼儿提到在附近的图书馆借阅图书的经历。他们去图书馆看书、借书，他们对借书和还书的流程、图书馆各层的功能分布有一定的直接经验。

第一周，我们与幼儿一起讨论了图书馆的外观、各层藏书情况以及图书借阅的步骤。喜欢玩建构游戏的幼儿说："不如我们自己建一个图书馆吧！"于是，以图书馆为主题的户外建构游戏就这样开始了。

有了第一周的讨论作为基础，幼儿的目标逐渐明确，即建构图书馆的一楼，因为这里有大家最喜欢的少儿馆、亲子馆、展览厅等功能馆，还有安检机、电脑等"特别有意思"的设施。随着活动的开展，幼儿想挑战更高难度——建4层的图书馆，像真正的图书馆一样。结合幼儿园每月一次的亲子活动，我们将幼儿的想法与家长进行了沟通。在家长的协助之下，这次的亲子户外建构游戏实现了质的突破。

## 二、游戏过程

### 情境一　最高的书架

一鸣搬来长板，尝试把它放在木头柱子上，但木头柱子左右晃动，长板似乎总也放不平稳。一鸣迟迟没有松手，试图找到平衡的位置。教师心里想：如果能多一个人帮忙，一鸣很快就能完成。

"一鸣，你怎么一个人呢？"教师问。

**观察解读：**教师观察到幼儿一人难以完成，并没有直接给予建议，而是先了解情况：为什么一个人？

**同伴支持：**了解原因后，教师给出建议——寻找伙伴，幼儿试着寻找，但最后放弃了。此时教师持续给予关注，并在幼儿多次遇"险"时直接给予帮助，让幼儿感受到合作的力量。

**隐性暗示：**在欣谕因为矛盾来找教师倾诉时，教师找到了问题解决的契机。教师没有直接开口，而是笑着望向一鸣，一鸣大方邀请，并详细地与欣谕说明需要怎样合作。

**激励评价：**教师观察到幼儿通过合作搭好书架，正面肯定了幼儿的成果，同时提出了一个新的挑战，激发幼儿的探索欲望。

"洋洋不想搭书架，所以我自己做。"一鸣回答。

"我觉得你需要找个好朋友一起。"

一鸣向四周看了看，犹豫了一下，然后继续挑选新的材料，尝试着放长板。教师不时帮助一鸣。

这时欣谕生气地走过来："黄老师，阿竹不让我搭。"

教师扭头笑着望向一鸣。

"不如我们一起搭吧，我们搭书架。"一鸣邀请欣谕，欣谕若有所思地点点头，似乎还没反应过来。

"我们需要这样的长板，得长一点的。"一鸣对欣谕说。两人一起去搬长板，然后轻轻地将长板放下。

两层的书架做好了。"可是都没有书啊！"欣谕说着就去找材料。她拿来了一筐蓝色纸砖，一个一个仔细地摆放。看到两层的书架搭好后，教师对他们提出了更高要求："你们的书架不错，放了这么多书都不会倒。你们可以挑战搭 3 层吗？我看到图书馆的书架不止两层呢。"

"我觉得不行，可能会倒。"欣谕说。

"但是试一试吧，如果成功了，那我们的书架就是最高的！"一鸣受到鼓舞了。

一鸣和欣谕这次放得非常轻，真的成功了！

## 情境二　图书馆的柱子

小郭、梓希、可欣、柔柔几个小朋友组成了一组，她们围在一起商量着。可欣说："我们需要一个组长。"

"我觉得还要一个副组长。"小郭补充。

"小郭当组长，梓希当副组长。"柔柔说。"好。"大家都同意。

"我们建一个4层的图书馆吧？"可欣说。

"好啊！梓希，我们去找大木板。柔柔和可欣，你们去拿柱子。"小郭说。

**提问启发：** 教师前期没有介入，等到幼儿沮丧时，再及时引导幼儿思考原因，寻找答案。

**观察解读：** 教师放手让幼儿尝试解决问题，教师没有干预，而是默默关注。

**提问启发：** 幼儿尝试解决问题但依旧失败，失望地准备放弃时，教师介入，再次追问为什么会不稳，引导幼儿聚焦问题。

**经验联系：** 教师暗示幼儿可以看看操场上的篮球架。有了类比迁移的对象，幼儿很快就创造性地通过增加柱子与木板的接触面积来增加稳定性。

大家行动起来，小郭搬来大木板，准备架在柱子上，两个柱子摇摇晃晃，小郭露出了求助的眼神。还没等她开口，梓希和可欣赶紧来帮忙，一个扶木板，一个扶柱子，好不容易木板放好了，可是不一会又摇晃起来，倒了。

"唉，还是倒了。"梓希非常沮丧。

"你们觉得为什么会倒呢？"教师问。

"因为不稳啊。"小郭说。

"我知道了！"梓希赶紧扶起柱子，"我们把木板横着放！"大家把木板换了一个方向，横着放，但还是倒了。大家有点沮丧，蹲在一旁看着这几根柱子和木板。

"算了，不如我们不要建图书馆了。"可欣小声地说。

"你们觉得为什么会不稳呢？"教师问大家。

"木板一放上去就摇摇晃晃，很快就倒了。"可欣说。

"你看看我们的篮球架，它的底座是怎样的？如果没有这个底座……"还没等教师说完，小郭看着柱子说："我有办法了，梓希你去拿几块纸砖。"

梓希拿来纸砖，小郭将纸砖放在两个柱子的上面，然后再放木板。这一次，木板稳稳的，四个脚也稳稳的。

### 情境三　通向图书馆二层的楼梯

　　建构前，爸爸妈妈和幼儿一起讨论商量怎样解决图书馆二层不稳的问题。大家一致认为房梁是最重要的。大家琢磨着什么材料才能在平地上做出稳固的大梁。一开始大家准备用木头，但没有土来帮助固定，太容易倒了。最后有位爸爸发现了户外活动用的不锈钢单杠，不仅结实，而且有支撑，非常稳，高度也较为适合。

　　大梁架好以后，大家就开始铺二层的楼面了。晓彤与爸爸一人抬着木板的一边，很有默契地放在大梁上。濠泽和妈妈也一起抬木板，不一会儿，一层木板就铺好了。

濠泽特别激动，迫不及待地想爬上二层，但是怎么上去呢？

"我们要建楼梯。"濠泽说着就去找材料了。他找来了小竹梯，斜着架在木板上，但是竹梯似乎放不稳。

"妈妈，你帮忙扶着。"濠泽准备爬上去。

"濠泽，梯子放不稳就爬上去，容易摔跤，你得固定。"濠泽妈妈说。濠泽想了想，便去找了最熟悉的纸砖，他把纸砖一块一块整齐地放在竹梯周围，垒了5层高。

"妈妈，我试一试。"濠泽急忙爬上去，可是才迈出第一步，梯子就滑下来。

"看来用纸砖固定不行，为什么呢？"妈妈反问。

**提问启发：** 妈妈的几次反问，在描述事实的同时引导幼儿思考，让幼儿对自己的判断进行反思，不断冲击幼儿已有的知识、经验，帮助幼儿在已有经验的基础上建立新的经验，进行有意义学习。

"一定是不够硬。"说着又去寻找材料，过了一会，他抱着一摞炭木回来了，濠泽在竹梯的周围摆了一圈炭木。

"这次应该可以了吧。"濠泽又一次尝试，但梯子依旧滑了下来。这一次，他非常沮丧。

"炭木很硬了，为什么也不行呢？"妈妈问。

濠泽不说话，思考了一会说："我知道了，纸砖和炭木都太轻了，不够重。"

"那快去找重的东西吧。"妈妈鼓励濠泽。

"我知道了。子宸，帮帮我。"濠泽大声说。两人用两个轮胎来固定竹梯。他们把竹梯的两个脚放在轮胎里，这一次不仅够重，而且能够把竹梯卡住，稳稳地固定。

"我上去了。"濠泽快速地爬上去，"成功啦!"他兴奋地大声说。
"子宸，你也上来。"

不一会儿，濠泽踩了踩还是觉得不稳，又找了两块小木板盖在竹梯与轮胎的缝隙上。

## 情境四　二层楼面的加固

楼梯建好后，大家都激动地要爬上去，但二层楼只有一层薄木板，爸爸妈妈们有点担心。

锦桦妈妈说："别上去了，太多人了。"

突然，啪的一声，其中一块木板断了。大家都被这声音吓了一跳，二层的幼儿以及家长们都意识到这个潜在的危险，纷纷从二层楼下来。

"木板需要加固！"濠泽说，"妈妈，我们一起去找木板。"说着又和妈妈一起找来更多的木板。

晓彤和爸爸也加入，他们叠加了 3 层木板。完工后，子宸爸爸用手压了压，"现在很结实了。"

这一次，家长们更加谨慎，他们将上二层的人数控制在了 10 人以内，用纸砖和木块继续搭建书架。

**家长资源：** 亲子活动是家园共育的良好途径，在游戏中，不仅能让家长陪伴幼儿、认识幼儿，更可以让幼儿向游戏中的父母学习。

## 三、教师反思

### （一）帮助幼儿分析推理，促进幼儿不断反思

元认知是对认知本身的认知，是促进幼儿深度学习的重要认知策略。幼儿在活动过程中发现问题、尝试解决问题、反思经验的过程对元认知发展具有重要促进作用，也更有利于推动幼儿深度学习的发展。教师在活动过程中的提问是引导幼儿进行元认知的有效策略，特别是在幼儿遭遇失败和矛盾纠纷、游戏停滞不前时，教师通过"你们觉得为什么会倒呢？"等关键问题，引导幼儿总结反思，调节着整个活动的发展走向，促进幼儿高阶思维的发展，思考解决问题的新方法。

### （二）在情境中发现问题，在游戏中解决问题

幼儿的自主游戏中通常充斥着各种矛盾和问题，引导幼儿自然而然地进行探索和学习。案例中，幼儿在建构图书馆二层时遭遇了诸多真实的问题情境，如：搭建书架需要同伴合作时怎么办？双层书架怎样才能稳固？竹梯怎样才能固定？图书馆的二层怎样才能承受更多人？这些问题都是真实情境下生成的，它激发幼儿强烈的内在动机，吸引幼儿在情境中不断探索解决问题的方法，尝试错误，直至最终解决问题，在真实情境下自然而然地进行深度学习。

### （三）重视幼儿经验积累，促进幼儿经验迁移

幼儿在深度学习过程中通常会调动 3 个层面的认知行为：理解与批判、联想与重构、迁移与运用，这 3 个层次逐级递增。幼儿每一次学习都是在原有知识经验的基础上向前迈进一步，是对原有经验和迁移能力的挑战。尚未达到抽象逻辑思维水平的幼儿，难以主动发现新旧经验之间的联系，不能通过自主分析找到解决问题的方法，通常需要借助他人

的教育支持。在案例中，通过教师及家长的不断引导，幼儿思考多种解决策略，多次试误后，终于迎来了成功的经验。在这一过程中，幼儿逐渐理解、分析问题情境，将新的知识经验同原有的认知经验进行关联重构，继而迁移至新的情境解决实际问题，实现深度学习。

# 四、评析

在多层图书馆的案例中，幼儿的深度学习持续渗透于自主游戏过程。怎样才能搭建稳定的多层图书馆？是什么导致楼面塌陷？又要如何解决楼面的不稳定？在面对一系列的问题时，幼儿不断尝试新策略，重构原有经验，最终成功解决问题。同时，该案例也反映出幼儿深度学习的社会属性。家长、教师、同伴等为游戏提供一定支架，在幼儿分析出原因后，共同加固底板，共同解决问题，形成学习共同体。

本案例中，幼儿有关图书馆的知识经验，为游戏水平的提升奠定了基础。家长在教师的引导下，引导幼儿观察周围的图书馆，成为幼儿游戏的伙伴。与幼儿共同游戏更有利于调动幼儿的积极性、创造性，培养幼儿高阶思维。需要注意的是，虽然家长参与幼儿的游戏，但游戏的主导者仍然是幼儿，幼儿控制着整个游戏的流程，家长更多是依据幼儿的游戏进程做反应，在幼儿需要时提供支持。

在这个案例中，家园合作为幼儿深度学习提供了相关知识和材料等支持，助推活动的顺利开展。

（案例来源：广州市黄埔区香雪幼儿园

黄　晋　黄桂月　冯爱丽）

# 游戏案例三　户外游戏：毕业游

## 一、游戏背景

大班幼儿对未来的小学生活充满向往，亦对幼儿园生活依依不舍。新学期伊始，很多大班的幼儿互相交谈起自己的暑假生活。在一次关于暑假生活的餐前谈话中，幼儿根据与爸爸、妈妈共同制作的调查表《我的旅行》，介绍自己暑期旅行的趣事。

子琳分享后说："跟爸爸、妈妈去菲律宾海边玩非常开心，但是好想和我们大三班的小朋友一起去玩啊！我还要邀请老师们。"

教师回应道："哇，真是一个很好的想法呢！你们想要去哪里毕业游呢？那里有什么好玩的呢？"

大家对这一问题展开了热切的讨论，纷纷说出了自己的想法。但这些好的想法都很难马上实现，对此，教师提问："现在我们暂时还去不了这些地方，那怎么办呢？"

这时欣华说道："我们可以在幼儿园搭一个啊！在操场上就可以。"

这一想法得到幼儿和教师的支持与肯定，于是，"毕业游"户外游戏主题由此诞生。

> 在有计划的谈话活动中，教师敏锐地抓住教育契机，引导幼儿深度思考。

## 二、游戏过程

### 情境一　总是搭不完的场景

大家一致投票决定，大三班的毕业游建构场景为游乐场。

在前3次的建构活动中，幼儿用纸砖围成围墙，里面摆一些"桌子""椅子""厕所""休息处"等。幼儿都很积极投入，但是好像都没能呈现游乐场的场景，幼儿搭建的场景每次也差不多。

**观察解读：**在自主游戏中，幼儿经常玩得热闹非凡，但游戏和学习往往流于表面，所以，教师的评价显得尤为重要。

**反思回顾：**在活动结束后，教师借助照片，引导幼儿观察、发现游戏中的问题。教师鼓励幼儿描述建构游乐场的过程，提升幼儿的观察力、思考力、表达力。

到了建构游戏最后的总结环节，教师和幼儿围坐在一起，并展示了前两次建构活动的成果照片。

教师："看看我们今天搭建的游乐场，再看看前两次搭建的游乐场，大家可以说一说自己发现的问题。"

静儿："我们想搭的东西太多了，大家自己搭自己的，最后都没搭出什么来。"

梓霖："我们这3次搭的好像都差不多，有的时候连围墙都没有围好。"

开雲："我没去过游乐场，我也不知道要搭什么，感觉没什么要做的。"

大家都有些气馁，这几次搭建游乐场的进展不大。

教师也在游戏结束后同步进行了反思。实践来源于生活，也许是因为幼儿生活经验少，所以搭建的游乐场进度缓慢。或许可以从幼儿丰富的生活经验出发，提升建构水平。

机缘巧合，由大三班家委会组织的毕业游得以成行。周末家长和幼儿进行了一场"冬日暖阳快乐时光"的亲子游。在这场旅行中，幼儿看到了小河、稻田、花园、秋千、小动物，玩了拔河、萝卜蹲、解救呼啦圈、彩虹伞、舞台秀等游戏。

> **家长资源**：通过一场亲子游，幼儿在真实情境中感知、体验，丰富经验。

教师提醒幼儿用心观察身边的事物，认真回忆旅行经历，用画笔将旅行中难忘的事记录下来，最后绘制成了大三班独一无二的"旅行巴士"画卷。这次亲子游活动的每个场景都深深印刻在幼儿的脑海中，为后续的建构活动起到了经验支持的作用。

> **反思回顾**：鲜活的经验能否被利用呢？幼儿是以无意注意为主的，无法对经验进行深度加工，教师可利用幼儿的回忆和记录，帮助幼儿对经验进行加工和整理，为幼儿的经验迁移做准备。

### 情境二　舞台不够稳

受亲子游的影响，幼儿决定把建构主题从"游乐场"改为"亲子游"。

活动开始大家围坐成一个圈，一起回忆亲子游的地方有什么。

子琳："有住宿的楼房。"

开雲："有大门和围墙。"

芷琳："有野炊的地方。"

锦彤："有秋千，还有很多游乐设施。"

睿彬："有舞台。"

在确定好要搭建的场景后，幼儿决定成立围墙组、公寓组、野炊组、舞台组和游乐设施组。幼儿自由协商分组后，立即选择合适的材料行动起来。

舞台组有舞台表演的经验，建构的速度非常快。他们选取滚筒做舞台柱子，上面平铺一层木板，周围还用雪糕桶和鲜花装饰，增添了田园的气息。不过当幼儿准备走上舞台时，睿彬摸了摸木板，发现用手压在两块木板之间的时候，木板会翘起来，还会移动。

睿彬说："好可惜啊，舞台是搭好了，可是不能站上去演出啊！"

教师压了压下面有滚筒支撑的地方，木板不会移动。又压了压没有滚筒支撑的两块木板的连接处，木板翘起来了。教师指了指两个滚筒中间："睿彬，你有什么发现吗？"

睿彬随即也去按了按，发现果然如此。

教师进一步引导："有支撑的地方就稳固，没有支撑的地方就不稳。那有什么办法支撑住这两块木板呢？"

**激活经验：**教师抓住计划环节的教育契机，引导幼儿回顾亲子游，帮助幼儿将体验迁移到建构游戏中。

**隐性指导：**教师引导幼儿采用分组的方式共同探索，达成目标。

**隐性暗示：**教师用非语言的方式帮助幼儿发现问题。如通过按压木板的不同位置，引导幼儿发现有支撑的地方是稳固的，没有支撑的地方是不稳固的。之后，又用语言引导幼儿聚焦问题的症结所在。

　　睿彬环顾四周，拿来一筐炭木，一块一块地垒高，直至炭木的高度与滚筒的高度齐平，正好支撑住两块木板。

　　不过，支撑好两块木板的连接处后，睿彬走上去，发现木板还是会轻微地移动。教师拿来一块大大的木板，横着压在木板上。再用手压了压，木板不翘了。睿彬看到后，马上又拿来了几块同样大小的木板，采用交错排列的方式摆放，双层木板果然不会移动了。幼儿又在空隙之处加了炭木加固。舞台上面能不能承受真正的演出呢？

> **材料支持：** 在游戏停滞不前的情况下，教师加入游戏，选取适宜的材料，支持幼儿。

### 情境三　顶楼封顶不成功

公寓组搭了一个两层的楼房，不但可以睡觉，还有贴心的楼梯可以上去呢！

因为个子没有楼房高，蓝蓝拿了个装纸砖的框，将它翻过来，说："这样站在上面就够高啦！"随即和梓彤、梓维小朋友一个人递材料，一个人摆放材料，装饰楼房。

"我们要搭 3 层高的高楼，可是这里缺少了一根柱子。"不远处传来了梓彤的声音。

蓝蓝将几根长短不一的柱子比了比之后，发现没有合适的圆柱体。

蓝蓝说："好可惜！就差最后一根柱子，3 层的楼房就能够搭好啦！"

幼儿意识到还需要一个一样高的柱子，但是没有了，游戏一度停滞。

材料支持：在幼儿多次尝试未果后，教师悄悄地递来一筐材料，引发幼儿的关注与思考。

教师此时推过来一筐炭木。蓝蓝看到了，思考了一会儿，开始用炭木垒高，并与圆柱体的高度进行比对，想用同样高度的炭木代替圆柱体。到最后的时候，放一块同样的会高出一点，减少一块又矮了一点。梓彤想了想说："拿一块薄一点的就行了。"

梓彤跑去材料框里选了薄一点的炭木加到最上面。当大家把大大的木板铺上去进行封顶时，幼儿都非常欣喜，"炭木柱子"和"圆柱体"一样高了。

因为 3 层楼的高度远远超过了幼儿的身高，为预防倒塌，教师加入游戏，和幼儿合作，将楼房成功封顶。

### 情境四　材料太重搬不动

幼儿收材料的时候，留下了几条长凳。平时，大的器械都是教师来收拾。潼潼一个人收得有些费力，教师请梓维去帮忙。

梓维在前几次的收拾环节，常将材料踢飞，把垒高的材料胡乱推倒，然后再慢悠悠地收材

**同伴支持：**同伴是自主游戏中推动游戏发展的动力之一。应鼓励幼儿共同探索，共同解决问题。

料。但是这次，梓维给教师了一个大大的惊喜。原以为梓维会和潼潼两个人去抬长凳，但是梓维想到了一个新方法。只见他两只手拿着长凳的一端，在地面上旋转移动，很轻松地将长凳送回原处。潼潼随即模仿，两个人很快地将沉重的长凳收好了！

教师问梓维："哇，这么棒的方法你们是怎么想到的呢？"

梓维自豪地说："早操的时候，我看到钟老师一个人就是这样收这个长凳的呀！不需要两个人也可以轻松完成。"

原来如此！

### 情境五　沙池建构毕业游

今天的户外自主游戏是沙水游戏。在做计划的时候，睿彬提议可以在沙池进行"毕业游"主题的游戏。看来大家对毕业游印象深刻且意犹未尽！

经过讨论，结合之前户外建构的经验以及沙池特点和材料种类，大家决定这次的毕业游活动可以分成舞台组、花园组、游乐组、野炊组，并进行了组长推选、组员选择和计划表征等准备工作。

到了沙池，教师拿着幼儿的设计图，引导幼儿明晰本次活动的注意事项和重点，让本次活动更具目标性。

**激励评价**：教师发现游戏中幼儿解决问题的好办法，及时给予正面反馈。同时用反问的方式，引导幼儿回忆、反思和总结自己是怎样想到这个好方法的，不断建构经验。

**榜样示范**：教师的一个小小举动原来都会被幼儿看在眼里。教师要重视在日常教学中的言行举止，以对幼儿起到良好的示范作用。

**经验联系**：生活经验的丰富让幼儿的建构活动更精彩。幼儿户外建构活动的经验产生了正向迁移，促进了幼儿在沙水游戏中的探索。

**计划制订**：在游戏的过程中，重视计划的作用，并采用幼儿表征和教师讲解相结合的形式，让游戏有目标、有规划、有效果。

　　下沙池了，每个幼儿非常清楚自己的职责，积极主动地开始工作起来。舞台组的幼儿用彩球装饰舞台，放上用矿泉水瓶做的彩灯；花园组的幼儿用雪糕筒做大树的树干，又插上了梅花装饰；游乐组的幼儿非常注重区域划分，将不同种类的动物整齐地摆放在不同的区域，还做好绿化工作。

　　搭建工作快完成的时候，教师让大家一起走出沙池，看一看自己建构的建构作品有什么可以改进的地方，说一说大家做得好的地方。

　　根据大家提出的整改意见，每个组都做了一些调整优化工作。

> 反思回顾：教师在活动中及时进行总结，引导幼儿思考可以改进的地方，在让幼儿体验游戏成就感的同时，提升幼儿的问题意识，促进幼儿进行深度学习。

## 三、教师反思

### （一）了解幼儿兴趣，抓住教育契机

幼儿的兴趣及学习动机是引发、维持深度学习的基石，但幼儿这种浓厚的兴趣及积极的意愿通常需要教师的智慧，如对幼儿兴趣予以

关注，及时抓住教育契机，生成基于幼儿兴趣的活动等。在本案例中，通过假期活动分享，教师了解到幼儿对亲子游很感兴趣，并在此基础上及时捕捉幼儿的兴趣点，引导幼儿思考如何达成在幼儿园出行游玩的目的。同时，教师通过追问，引导幼儿搭建游乐场，在自己建构的场景里来一场"大三班的毕业游"，由此奠定了幼儿在自主游戏中进行深度学习的基础。

### （二）注重生活经验，促进经验迁移

幼儿的学习方式通常表现为情境式学习及体验式学习，而情境及体验来源于幼儿的生活。幼儿在自主游戏过程中，通过直接感知、实际操作、亲身体验的学习方式，解决日常生活中的实际问题。

在本案例中，最初的建构活动以游乐场为主题，由于幼儿生活经验的缺乏，导致搭建的效果不够理想。教师对该现象背后深层的原因进行剖析、推测，探寻可以落地的解决方法——丰富幼儿的生活经验，并通过家园合作，让幼儿体验一场真正的毕业游，在真实情境中观察、感受、体验，继而将新获得的知识经验进行整合，逐步迁移至建构活动。不难发现，幼儿丰富的生活经验为深度学习提供了源泉。

### （三）尊重幼儿主体，提供发展支架

幼儿是游戏的主人，玩什么，怎么玩，用什么玩，和谁玩，都应由幼儿决定，教师在其中主要发挥支架作用。在本主题的建构活动中，从最初的游乐场主题到其后的亲子游主题，以及活动分组、使用材料等均是幼儿自己提出和设计的，教师更多地在幼儿游戏过程中进行观察，适时提供支持。

## 四、评析

本案例活动以幼儿兴趣为基点，充分尊重幼儿主体性。教师在幼

儿持续的探究中及时发现教育契机，引导幼儿思考如何能够达成建构目标；同时，教师在不断观察中找到适当的时机，不断给予幼儿机会。在游戏停滞不前等困境下，教师通过家长的力量丰富幼儿的生活经验，为幼儿的经验迁移创造条件。

　　值得注意的是，在自主游戏"毕业游"持续一个月的开展过程中，教师从始至终都是以支持者、推动者的角色在适宜的时机给予适当的支持，构筑了自主游戏与深度学习的桥梁。

　　　　　　（案例来源：广州市黄埔区香雪幼儿园　蔡星玥　钟婉余）

# 第二节　室内自主游戏案例

## 游戏案例四　积木建构游戏：高架桥

### 一、游戏背景

幼儿外出时，经常会看见高架桥。当他们坐车行驶在高架桥上时，还会看到远处的高楼、树林、公园、草地等。因此，幼儿在看到高架桥图片，初步了解高架桥的结构后，心中萌发了"搭建高架桥"的想法。

### 二、游戏过程

#### 情境一　高架桥的样子

通过前期的讨论，幼儿在心中已构造出了高架桥的初步蓝图，于是教师引导幼儿先做建构计划，规划高架桥的位置。第一次搭建活动开始了，幼儿进行相应的协商与分工合作：一组负责桥墩，另一组负责桥面。

艺馨说："我们今天要建高架桥，桥是长长的，不是正方形的，我来搭建桥墩，子誉你把底板连接在一起，楠楠和我一起搭建桥墩。"艺馨、楠楠的桥墩很快就建好了，他们又投入到其他工作中。艺馨在检查桥墩是不是一样高。

> **计划制订**：从幼儿的表现可以看出，经过长期的积累，幼儿已经养成了做事之前先制订计划的习惯。良好的计划能很好地实现同伴合作。

接着，欣谕、可欣、桐桐把桥面搭好，等艺馨检查完后就准备往桥墩上铺。艺馨说："我们要多几个人一起来把桥面先抬起来，慢慢放在桥墩上面。"但是，桥刚抬起来，桥面就裂开了。

教师："想一想，怎么才能保证桥面不会裂开呢？"

可欣想了想，说："楠楠你快过来，我们要一起慢慢抬高，再轻轻走过去。"几人小心翼翼地把桥面扶上桥墩，接着检查桥墩是否扣好。

看到高架桥的桥面基本成形，楠楠说："平时爸爸开车会经过收费站，我们来设计收费站吧。"他们设计收费站时，还采用了可以升高的杆子。艺馨说："有车来了，杆子就可以这样升起来，让车子开进高速路，这里有两个人在收费，交了钱才能走。"建好后，大家欢呼雀跃："啊！我们的高架桥面、收费站建成了！"

教师一边替他们感到高兴，一边故意问："但是，你们有没有觉得高架桥上空空的，少了点什么呢？"

艺馨说："高架桥上没有车。"

可欣说："对啊，我们拼一些车吧。"大家又开始分工合作，搭建的汽车每辆都不一样。幼儿开始把各种车辆"开"到高架桥上。

开着开着，幼儿突然发现汽车在高架桥上开不下来了。教师："现在怎么办？我们高架桥是不是还没有连接地面？"可欣说："对，我们需要把高架桥连接到地面上，还要建一个斜坡。"大家又

提问启发：幼儿建成了桥面、收费站，活动似乎结束了，但是教师说高架桥"空空的""少了点什么"，简单的语言启发幼儿思考下一步要做什么，激发幼儿主动思考。

提问启发：教师及时发现幼儿的问题，启发、引导幼儿思考如何将高架桥连接到地面上，扩展幼儿经验。

开始忙碌起来。

### 情境二　高架桥塌了

高架桥建成后，幼儿激动地把车开上高架桥，不一会儿，咔嚓，高架桥面裂开了。俊杰说："高架桥塌了，快走呀！"可欣、梓灵她们马上找材料，想快点把桥面维修好，结果一用力，反而整个桥面都塌了。

俊杰看到后非常生气，他责怪可欣和梓灵："哼，就是因为你们！"

可欣委屈地说："我们又不是故意的。"几个人情绪不高地坐在一旁，不知道如何是好。

看到大家情绪低迷，停止了搭建，教师轻轻地问："为什么我们的桥会突然裂了呢？你们发现桥墩有什么不一样的地方吗？"

　　楠楠说："桥墩的积木有的高，有的矮。"

　　梓灵说："桥墩摆的方向也不一样，有的横着摆，有的竖着摆。"

　　可欣说："我觉得汽车太多了，超重，把桥面压坏了。"

　　欣谕说："桥面板没有扣好，所以用力压就倒了。你看，这些都没有扣好，没连接上，就掉了。"

　　艺馨说："桥面太宽了，下面的桥墩太小，还隔得远。"

　　幼儿的观察特别仔细，纷纷指出高架桥坍塌原因。于是教师对大家说："既然我们已经发现了问题，那么接下来，就请大家分工解决这些问题，把高架桥建得更牢固。"

**反思回顾**：当高架桥突然坍塌时，幼儿不知所措，教师及时组织幼儿坐下来观察高架桥的结构，帮助幼儿发现问题，分析原因，激发幼儿进行深度思考。

**观察解读**：听到幼儿对高架桥塌方原因的思考后，教师放手让幼儿尝试，提醒幼儿分工合作，但并没有过度干涉幼儿的游戏，给幼儿充分的自由。

**情境三　齐心修复高架桥**

可欣、艺馨铺好底板就开始锁板，璐悦、子誉和琦君在搭桥墩。接受了上次一高一低不平衡的教训，这次她们把桥墩统一放在一起，然后检验是否一样高。

可欣说："我来数一数，每个桥墩都要有 8 块二四砖。"

艺馨说："8 块二四砖太矮了吧，你看这么矮，下面的车都走不了。"

璐悦说："那我们再加高点，每个桥墩都要有 10 块二四砖那么高，我们要找二四砖建桥墩，每个桥墩都搭建得一样高，桥面才能铺平，还要把桥墩扣锁稳在底板上。"艺馨和桐桐在检查桥墩的高度，以保证桥面坚固。

突然，可欣惊喜地喊道："桥面铺好了，有没有人来帮忙，一起把桥面抬起来，放在桥墩上面。"

艺馨提醒道："我们要轻轻地拿，轻轻地放。"

大家分别站在桥面的两边，把桥面抬了起来，就在这时，有桥墩倒了。原来是可欣只顾着手里

**经验联系：**从幼儿的对话中可以看出，前期的失败给他们带来了启发，使他们通过对比、提前预判、制订计划等方式，更迅速地达到建构目的。

抬起的桥面，一不小心脚撞到了桥墩上。当可欣反应过来，松开一只手想迅速扶好桥墩时，桥面斜了一角，然后散开了。对面的楠楠一用力，整个桥面都散了。

经历了又一次失败，大家心情都不好。欣谕说："楠楠你和震阳力气太大，看，桥面都散了，都怪你们！"这是第二次桥面因为坍塌而出现同伴冲突，教师没有说话，静静地观察他们会怎样解决。

艺馨说："你们别吵了，我们重新再搭吧，这次要搭快点，而且每一个地方都要扣得紧紧的，也要注意脚下，不管怎么样，千万不能放手。"

大家很快就开始重新搭建桥墩和桥面，可欣和艺馨检查每一个桥墩是否扣好。他们吸取了上次往后退会撞到桥墩的教训，请桐桐和欣谕在桥墩的另一边伸手接应。他们这次更加小心地抬起桥面，慢慢地对准桥墩放下，有的把头钻到桥下面，去检查桥面与桥墩的连接处是否扣紧。

最后，欣谕得意地说："我们把桥墩扣紧了，现在的桥面和桥墩都很稳很结实，不摇动了。"

> **隐性指导：** 在第二次因为桥面坍塌而产生同伴冲突时，教师没有立即介入，而是给予幼儿自主解决冲突的机会。幼儿已经开始掌握冲突解决的方法，他们自主分析原因，提出解决策略，并决定再试一次。

**情境四 建设收费站**

艺馨说:"这样一直往下走,车子就可以从高架桥上面开下来,桐桐,你帮我扶着。"梓灵和柔柔在一边搭建收费站,很高兴地说:"老师,我们的收费站建好了,可以放到高架桥了吗?"

教师问:"你觉得放在哪里最合适呢?我们平时看到的收费站在哪里呢?"

提问启发:通过提问收费站放在哪里合适,启发幼儿联系生活经验。

柔柔说:"梓灵,我们再多建一个收费站,高架桥的入口和出口都有收费站。"

梓灵说:"好,我们去找材料,再建一个收费站。"

可欣、欣谕、子誉一起搭建了各种汽车。有了上次车多压断桥面的教训,可欣说:"这次我们不能放太多的车在桥上,桥会塌的。够了够了,你们不能再放车了。"

到大家坐下来分享的时间了。艺馨说:"这次的高架桥桥面宽度刚好,下面的桥墩也多了,距离都很近,今天的高架桥搭建得很结实。"

可欣说："可是，上面的汽车从斜坡开下来，就把下面的出口给堵住了。"

璐悦说："我们可以从两边的出高架桥，这样就不会堵住下面的路口。"

教师说："璐悦今天提出的办法很好，我们下次的目标就是要设计好两边的出口。"

## 情境五　让高架桥更智能

今天的建构时间，幼儿随意搭建着，似乎没有目标。于是，教师播放上次搭建高架桥的视频，请幼儿分享自己看到的问题，提出解决问题的方法。

**反思回顾：** 建构结束后，教师及时引导幼儿回顾，并巧妙抓住幼儿的兴趣点和问题，激励幼儿分享自己下一步的计划，引导幼儿更加明确自主游戏的目标及任务。

**反思回顾：** 教师发现幼儿建构目标不明确后，通过给幼儿观看上次搭建高架桥的视频，帮助幼儿反思遇到的问题，并讨论解决问题的办法，从而明确此次活动的目标。

看完后，可欣兴奋地说："我们上次还没有搭好高架桥连接地面的位置，不知道怎样搭才不会压着开下来的汽车。"

"我们可以搭建又窄又弯的路，转下高速路，然后到收费站。"晨曦补充道。

接着幼儿的问题，教师说："想想，窄道要怎样搭建？转弯要设计在哪里？下高速时怎样让对面开来的汽车不撞到下面的汽车呢？"

幼儿开始了新一轮的尝试。可欣、璐悦、梓灵、柔柔组成一组，继续搭建桥面。

"你们看，这么窄，汽车都过不去，你们的栏杆要拆了重新再做。"几个女孩子拿着汽车模型，试了试说："马路不够宽，太窄了，汽车过不去，我们把中间的断了重新铺。"

马路修整完了，璐悦满意地说："这下可以了！我们在公路中间和两边种上树和花吧！我坐车来幼儿园的路上看到好多花，很美。"

梓灵补充道："公路两边还有电线杆，晚上灯就会亮了。"

艺馨和梓灵今天有了新的发现，先统一用红色的二六板作为扣锁底板，同时也作为公路两边的栏杆，美观又整齐。然后，她们分别把桥墩固定，压紧。

梓灵说："桥墩建好了，今天的桥墩很稳、很密，桥面肯定不会倒塌了。"

艺馨说："完工了，我们要检查每个桥墩的高度是不是一样，压紧了没有。"于是，她们手上拿着二四砖，从中间分开，向两边一个一个桥墩对比高度，并检查砖与砖之间是否压得足够牢固，以免影响高度。

艺馨说："我们的桥墩搭好了，你们的桥面铺好没有？"说着，她看了看另一组的桥面，迅速发现了问题："桥面建得小，可我们的桥墩很宽。而且转弯处桥面和桥墩配不上，怎么办呢？"

可欣说："把桥面拆成几部分再搬，还要小心别让桥面散开，老师，你帮我们拆了一起搬吧。"

教师欣然接受可欣的邀请："我和可欣把拆出的一部分先搬到桥墩上，可是小朋友看看，要怎么放桥面才能不掉下来？"

雯雯说："桥面不够宽，太小了，会掉下去，汽车也不能走。"

杰杰说："放一条长长的木棍在下面。"

教师说："我们这里没有木棍，那怎么办？"教师用眼神看了看旁边的一筐二八砖。

**提问启发：** 把问题抛给幼儿，给予幼儿思考的空间，收获的是无限可能。

**材料支持：** 教师通过眼神示意幼儿关注材料，引导幼儿自主观察、领悟，而不是教师手把手"帮"。

可欣说："可以把这些二八砖拼成长长的一条，放在两个桥墩上，然后再把桥面铺上去就行了，老师，你来帮忙做一条放上去行不行？"

教师应幼儿的邀请，拿了两块二八砖，扣好锁，搭到桥墩上。

**榜样示范：** 简单的行为示范比语言更具有说服力，幼儿在模仿教师的过程中掌握了技巧。

梓灵说："还不够长，再加一块。"教师加了一块，搭在桥墩上比了比。梓灵说："长了，用一块二四砖试试。"

**榜样示范：** 根据幼儿当前的水平，为他们讲解扣锁的技巧和方法，有利于搭建工作的顺利开展。

借此机会，教师向幼儿普及了扣锁的一些技巧，让幼儿明白扣锁的正确方法。幼儿又开始忙碌起来。艺馨和梓灵掌握了这项技巧，两个人合作，一人一边把横梁逐步辅好。

在游戏的分享环节，教师提醒幼儿桥面建得不够结实，在搬动时可能会散，同时请艺馨分享她们在搭建桥墩时出现的问题和解决的办法。

**同伴支持：** 教师在反思环节引导幼儿分享问题解决的方法，既为幼儿游戏的顺利开展提供支持，又促进了幼儿之间的交往与互动。

艺馨说："我们增加了一排栏杆。先把底板固定，然后再把桥墩安装上去，这样桥墩很稳，不容易倒塌，而且桥墩之间距离很近，桥墩很结实。"

### 情境六 高架桥出口在哪里？

上次游戏中，幼儿依旧没有找到解决高架桥出口问题的办法，不知道怎样才能避免桥上的车与桥下的车相撞。于是，这次活动一开始，教师请幼儿观看了很多高架桥的图片，特别是出口和收费站的位置。看完后，教师问："我们刚刚看了许多高架桥的图片，它们连着收费站了吗？开出高速出口后，高架桥两边还有什么？"

璐悦大声地说："高速路出口前要经过一段弯弯的很窄的路，才到收费站，交了钱就可以出去，上次我们差一点没搭建高架桥出口，我今天要和杰杰一起搭建高速路出口。"

于是阳阳和杰杰开始找材料建高速路出口，两人很随意地拿来不同底板，也没有意识到要从两边开始扣锁，扣好的板一拿起来就散了。他们尝试了几次都没成功。教师说："你们可以问问璐悦，她上次扣的底板非常牢固。"

**经验支持：** 教师提供参考图片，引导幼儿观察、思考、发现、应用、解决问题，这样的操作模式为幼儿学习提供了条件。

**同伴支持：** 教师观察到幼儿扣锁技能经验不足，主动提醒可以请其他幼儿帮忙，通过同伴间的学习发展学习技能。

　　一旁的璐悦听到了，主动开始帮忙，她说："你们把板翻过来，在后面先扣紧，再翻回来扣锁，板就不会散开。"阳阳和杰杰马上照着做，可还是没有找规律。

　　桥墩和路面已建好，幼儿合作把桥面搬到桥墩上并扣好，他们这次很容易就把桥面和桥墩连接好了，但可欣发现了问题——有个别板与板之间没有连接。她要把板抠出来，重新接，结果一不小心，桥面就塌了，这时艺馨大声说："可欣，你的手不能这么用力压，你看，又掉下去了。"

　　这时，教师对大家说："我们一起观察，为什么高速路出口这么难建，为什么搭建好的柱子桥面一动就倒，而前面的柱子为什么不会倒？"

梓灵说："我知道，是因为前面柱子下面有一排板扣在底板上，这样很结实，不容易倒。这里的底板没有固定，所以会容易变动位置，我们要先找一些板在底板上扣一排，再把柱子搭上去，最后把桥面铺上去。"

教师继续追问："那怎样搭建柱子，才能让汽车驶出高速路到地面上呢？"

杰杰说："柱子要越来越矮，砖要越放越少，这样就能让桥面慢慢向下斜到地面上。"

幼儿听了，马上分头工作，有人找二六板进行扣板，有人找二六砖做柱子，不一会儿就把斜坡搭建出来。大家围坐下来分享作品，骄傲地说："我们的高架桥出口终于搭建好啦！"

**启发提问：**引导幼儿思考解决坡面桥墩高度的问题，一步步引导幼儿找到答案，解决问题。

## 三、教师反思

### （一）教师的观察解读为幼儿深度学习提供契机

自主游戏不是教师"全放手""非指导""零介入"的游戏，教师需参与幼儿的自主游戏，紧跟幼儿的游戏思路，仔细观察，寻找最佳的指导契机，提供适宜幼儿当下状态的有效指导，使幼儿的深度学习成为可能。在本次搭建高架桥活动中，教师仔细观察，认真分析，并适时介入。例如，在搭建收费站时，教师能及时把握幼儿游戏水平和游戏状态，提示幼儿高架桥现在还没有车辆，推进幼儿的游戏。

### （二）梳理关键经验，启发幼儿深度学习

大班幼儿逻辑思维能力发展不足，缺乏提炼与总结的能力，在建构活动中需要教师帮助梳理关键经验。如在搭建高架桥活动中，教师在每次搭建游戏中都帮幼儿总结已有经验，如在建牢固的、会转弯的高架桥时，与幼儿一起观看上一次搭建的视频，一起梳理关键经验，从而启发幼儿深度学习，为下一次搭建提供支撑。

### （三）强化幼儿主体意识是深度学习的奠基石

幼儿是自主游戏活动的主体。如在高架桥突然坍塌时，教师引导幼儿围坐下来，分析原因：为什么会突然裂了呢？桥墩有什么不一样的地方？教师把问题抛给幼儿，让幼儿主动思考并尝试解决问题。在这样的情境下，幼儿更有可能继续探究、深度学习。

## 四、评析

搭建高架桥源于幼儿本身的生活和兴趣，这次搭建一共进行了5次，从"桥墩不稳"到"路面不宽"，从"锁扣不紧"到"颜色和高度统一"，每一次的搭建都为后续的游戏奠定基础。在这个过程中，幼儿关于桥的经验在不断丰富，教师聚焦积木建构核心经验，支持幼儿在不断尝试中解决问题。

案例中幼儿的计划和反思能力也是令人惊叹的。刚开始时幼儿有简单的计划和分工，后面逐渐出现小组的"小领袖"，组长和组员能清晰认识到自己的任务，合作解决问题。在这个过程中，幼儿的问题解决能力经历了多次提升。高架桥塌方，小汽车没法下坡，高架桥的出口不会设计等问题，都是幼儿认知经验生成、迁移和提升的契机，不断引导幼儿进行深度学习。

（案例来源：广州市黄埔区香雪幼儿园

黄桂月　张路旋　黄　晋）

# 游戏案例五　积木建构游戏：图书馆

## 一、游戏背景

在假期活动分享中，多名幼儿提到在附近的图书馆借阅图书的经历，经过讨论发现，幼儿对图书馆每层环境的布置、在图书馆中应遵守的规则有一定了解。菲菲说："不能随便把书带走，要办一张借书卡，放在机器人上嘀一下才可以带回家看，还要在规定的时间内还书。"可可说："一楼是一些图画书，是幼儿园小朋友看的；二楼的书有好多字，适合小学的哥哥姐姐看；三楼是大人看书的地方。"辰希说："图书馆的外面看上去像个盒子，是个大长方形。"

为了丰富幼儿对图书馆基本构造和功能的直接经验，教师和幼儿商量，周末与爸爸妈妈一起去家附近的图书馆进行实地调查，从最初参观图书馆，与爸爸妈妈去图书馆看书，到带着问题观察图书馆。在这次亲子活动中，幼儿从外到里认真观察图书馆，并填写《调查表》，直接经验得到极大丰富。

很自然地，幼儿开始在班上用积木搭建图书馆。

## 二、游戏过程

### 情境一　四层图书馆的柱子不一致

多层底板叠加的图书馆需要多人合作，很容易就出现大家意见不一致的问题。小郭这一组有 8 名幼儿，两人一小组，每小组一块底板，分别承担一层搭建任务。这 8 名幼儿的建构水平在班上属于上游，大家都有自己的想法，第一次合作就出现了不少争执。

"梓希，你不能这样建!"小郭生气地说。

教师看到小郭和梓希这一组几乎是停滞的状态，两人都很生气的样子。"怎么了?"教师轻声问。

"大家应该用同样的柱子，可是梓灵他们用拱门做，我们不想用这个做，没有这么多拱门。"梓希说。

教师看了看，梓灵和可欣这一组并没有停止的意思，他们完全没有理会小郭和梓希。

"我们是一组的，可是颜色不统一。"小郭说。

"这样吧，我觉得你需要召集大家一起商量一下柱子怎么做。"教师说。

梓希把大家召集过来，说了自己和小郭的想法。梓灵似乎不想理会大家，手里一直不停，没有听。可欣说："可是我们不想这样，我们就想用红色的拱门做柱子。"

"可是这样材料不够。"小郭说。

"啊，我知道了，不如每一层都用不同的颜色，比如黄、蓝、黄、蓝，但颜色要有规律。"琦珺说。

可欣说："好啊，这样就不会材料不够了。"

大家似乎觉得这是不错的方法，梓灵虽然没有说话，但停了手，重新去寻找搭建柱子的材料了。

最终，每层的柱子各自统一，一层用了红色拱门材料，二层用了灰、黄、棕、白4种颜色的二八砖，三层用灰色和红色的二四砖。

**情境二　四层的图书馆怎么才能稳固?**

　　图书馆建到第四层了，琦珺搭每一块积木都非常小心，一只手按，一只手托住底下的底板，还跟旁边的梓灵说："轻一点，昨天就差点弄坏了。"

　　原来昨天在添加围墙的时候，图书馆的二层出现了部分塌陷，但是整栋楼没有倒，大家一起修补，才终于把图书馆恢复原样。

　　"为什么二层楼塌陷了，但整个楼不会倒呢?"教师问。

　　"因为有柱子。"琦珺毫不犹豫地说。

**提问启发：**教师根据幼儿言行精准发问，引导幼儿关注在搭建过程中柱子的重要作用。

　　说着琦珺又在给四层做柱子。琦珺在四个角
落都做上了柱子，还觉得不够结实，又在四个角
的旁边进行了加固。

　　"琦珺，我想请你观察一下我们的教室。"教
师说。

　　"墙边凸起来的地方都是柱子，你看看教室的
柱子建在哪里，有多少个。"

　　"门旁边有柱子，四个角也有，电视机旁边也
有柱子，榻榻米上也有柱子，一共有11根柱子。"

　　"这么多柱子啊!"梓灵很惊讶。

　　"所以教室很牢固，我们在上面蹦蹦跳跳也不
会倒。"教师说，"那你觉得你的图书馆柱子应该
建在哪里?"

　　"我知道了。"琦珺明白了，马上开始找材
料。不一会儿，图书馆各楼层长的那一边有了4
根柱子，短的一边有了2根柱子。柱子与柱子之
间间隔非常均匀，琦珺似乎很满意自己的作品。

　　"这回不会倒了。"琦珺说。

> **经验联系**：幼儿已经
> 有了初步的房屋搭建
> 经验，知道4个角要建
> 柱子作为支撑，也有
> 加固的意识，但对于
> 加固的位置还缺乏经
> 验。教师没有直接告
> 诉幼儿怎么做，而是
> 引导幼儿观察真实的
> 环境，通过看一看柱
> 子的位置、数一数柱
> 子的数量，引导幼儿
> 进行经验的迁移。

**情境三  从斜角楼梯到旋转楼梯**

琦珺正在搭图书馆二层和三层间的楼梯。二楼有一个美丽的阳台，她准备把楼梯搭在那里。琦珺用二六板错层的方法，从二楼开始，一块一块搭向三层。琦珺非常熟练了，一楼通向二楼的楼梯也是她做的，不过她很快发现了问题：楼梯还没建到二层就已经没有足够空间了。

"还不够高。"琦珺说。

"我知道了，用小一点的板，二四板。"

于是，她重新用二四板搭楼梯，但还是与刚刚一样。琦珺停下来，想了几分钟。

梓灵走过来说："要不还是做电梯吧。"琦珺把楼梯拆掉，似要放弃的样子。

"琦珺，不如你去看看木工区的旋转楼梯。"教师说。

"我知道了！"琦珺拿起二四板，小手灵活地动起来，一块板横着摆，一块板竖着摆，不一会儿就搭好了。琦珺的旋转楼梯转了 3 次弯，只见她把手指当作小脚，在楼梯上走，脸上露出满意

**激活经验：**教师发现幼儿尝试换一种小材料解决空间不足的问题，但依旧失败，于是启发幼儿利用木工区的游戏经验，促进幼儿迁移经验。

的表情。

在 3 个转弯处，琦珺用了积木砖将楼梯支撑起来。要多高？琦珺试了好几次，一块一块地加，终于稳定了。

"老师，你看，旋转楼梯！"琦珺高兴地跳起来。

其他小朋友也围过来，睿睿用小手一级一级地走上去，绕几个圈，"我到二层啦！"睿睿显得很兴奋。

# 三、教师反思

## （一）从兴趣着手，观察解读幼儿

幼儿的学习是以直接经验为基础，在游戏和日常生活中进行的，教师要珍视游戏和生活的独特价值。本次建构游戏主题来源于幼儿的生活，符合幼儿的兴趣特点，有助于幼儿充分利用生活经验，发挥主动性。教师在充分观察的基础上对幼儿自主游戏进行有效指导，根据幼儿当下的需求与困惑选择恰当的指导策略。

## （二）耐心引导，激活幼儿前期经验

当幼儿在搭建过程中出现问题时，教师没有直接告诉幼儿要怎样做，而是通过精准的提问，启发幼儿关注楼层搭建中柱子的重要作用，引导幼儿观察生活中的柱子，思考柱子的数量与高度等，自主解决问题。本案例中教师的每一个问题都是基于幼儿经验的且具有一定挑战性，引导幼儿通过观察生活中的建筑、其他区域的材料，将关键经验进行迁移，解决新问题。

# 四、评析

幼儿的学习动机、反思意识和学习品质等主体因素对幼儿深度学习有着重要的影响。在本案例中，为促进幼儿的深度学习，教师注意激发幼儿的内在动机，如鼓励幼儿去了解图书馆的大门、安检处、休息厅以及各楼层的分布等；通过晨谈活动，让幼儿清晰地知道图书馆与自己的生活联系紧密。图书馆柱子材料选择的过程，不仅是审美的碰撞，更是语言的交流和沟通，也体现了幼儿乐于探究和尝试的优秀品质。关于如何让图书馆保持稳固的问题解决过程，是对于科学领域物质结构稳定性和平衡性的大胆尝试，也是对数学领域空间关系的探索。教师的作用就是不断激发幼儿的学习动机，使幼儿的学习能够不断深入。

（案例来源：广州市黄埔区香雪幼儿园

黄　晋　冯爱丽　逯丽丽）

# 游戏案例六　木工游戏：兔子火车

## 一、游戏背景

中班上学期，幼儿逐渐开始接触木工活动，他们从认识和使用锤子、钉子、胶枪等基本的木工工具开始，在一次次的操作中逐渐熟悉工具，练习木工操作技巧。之前关于车的主题活动，让幼儿对生活中各种各样的车有了相关知识和经验的积累，幼儿尤其对长长的火车产生了浓厚的兴趣，于是，我们在木工区中开始了关于火车的木工游戏。

## 二、游戏过程

在木工区的一角，柏健正在用胶枪把轮子粘在木盒的 4 个角下。他正在制作火车车厢，尽管轮子每次粘上后不久就会掉下来，但柏健还是坚持粘贴，直到每个轮子都稳固为止。接着，柏健还用小木块和圆形木块制作了人偶，作为火车上的乘客。车厢试行时，轮子又掉下来了，同时他也发现另一个问题：没有上车的地方。于是他决定先制作台阶解决上车问题。他找了雪糕棒，很快就用胶枪完成了阶梯的制作。

**情境一　车轮总不稳固，怎么办?**

　　对于车轮总是掉下来的问题，柏健很是懊恼，一直说着"粘不稳"。教师刚好看到海林用电动螺丝机拧螺丝，于是就跟柏健说："要不你问问海林有没什么好办法?"

　　柏健来问海林办法，海林说用螺丝会很稳固。

　　柏健说："可是我不会使用电动螺丝机。"

　　海林很自信地说："我可以教你。"于是两人合作，终于把第一个轮子安装稳固了。

　　柏健特别高兴地说："我会了，原来电动螺丝机这么简单，一下就可以稳固，我也要试一试。"

　　在海林的帮助下，柏健尝试了第二个轮子的安装。最后他俩合作，把 4 个轮子都安装好了。

**启发提问**：观察到幼儿在固定车轮上遇到问题，教师没有直接介入，而是提示幼儿请教正在使用电动螺丝机的同伴，希望用同伴支持的策略解决问题。

**同伴支持**：针对车轮用胶枪难以固定的问题，海林建议柏健用螺丝固定，并且认真教具体的操作步骤。

### 情境二　车厢为什么会不平稳？

当海林和柏健运行车厢时，发现车厢一边高一边低，是怎么回事呢？他们把车厢翻过来检查原因，发现 4 个轮子大小不一。柏健说："4 个轮子要一样大小。"

于是他们商量留下小轮子，把大轮子拆掉。教师问："为什么要留下小轮子呢？大轮子为什么不行？"海林说："你看，大轮子只有 1 个，小轮子有 3 个呀。"柏健补充道："这样只要再安装一个小轮子就可以成功。"当轮子都安装完毕后，他们再次运行了这节车厢，终于平稳了。随后他俩也用相同的方法完成了第二节车厢的制作，还用雪糕棒把两节车厢连接起来。他们表示接下来还要制作很多很多的车厢。

**观察解读：**教师在发现幼儿商量好解决问题的方法后进行提问，引导幼儿用语言将思维外化，梳理经验。

## 情境三　螺丝钉冒出来了，怎么办？

　　海林和柏健把他们一起制作的火车车厢分享给其他小伙伴，大家对他俩制作的火车很是惊奇，这时，轩轩小朋友发现了一个问题：车厢内部地面有很多螺丝钉冒出来了。

　　轩轩："你们看，这里有好多螺丝钉，乘客一上车就会被扎到脚。"

　　海林把车厢倒过来检查，发现是安装轮子时用的螺丝钉。

　　睿睿："这些螺丝钉为什么会冒出来？"

　　柏健："哎呀，一定是这些螺丝钉太长了。"

海林："但是我上次用螺丝钉安装木板时就没有冒出来。"说完，海林指了指上次用螺丝钉安装的木板，确实很安全。

轩轩："这个木板比较厚，螺丝钉就不会冒出来，而车厢地板比较薄，所以螺丝钉就冒出来了。"

教师："那要怎么知道螺丝钉会不会冒出木板呢？"

海林："安装第一个螺丝钉时，就要翻过来检查螺丝钉有没有冒出来。"

教师："这确实是不错的方法。还有没有其他方法呢？"

大家都摇摇头。

教师从材料区拿来一个螺丝钉，跟木板厚度比了比，又跟车厢地板比了比，说："你们发现了什么？"

睿睿："我知道啦。螺丝钉比木板矮，就不会冒出来。如果螺丝钉比木板高，就会冒出来。"

轩轩："这样我们在安装前用这个方法比一比，就能提前知道了。"

**启发提问**：教师通过提问，启发幼儿深入思考怎样才知道螺丝钉会不会冒出来，帮助幼儿在制作时提前预判，从根源上解决问题。

**榜样示范**：幼儿缺乏知识经验，难以想到更好的方法。在多次启发提问后，教师拿来材料进行示范，用比较螺丝长度和木板厚度的方式启发幼儿思考。

教师："哇，你们真是爱思考的孩子，一下子就想到了另一种好办法。但是，现在螺丝钉已经安装在木板上了，如何解决呢？"

柏健："把长螺丝钉换成短一点的螺丝钉。"

睿睿："那就要把之前的螺丝钉全部拔出来。"

海林一听到要把他安装的螺丝钉拔出来，立马不同意。双方争吵起来。

轩轩："我想到一个办法，我们可以在螺丝钉的上面盖上一个木板，这样螺丝钉就会被盖住。"

海林听到轩轩的想法，非常赞同。

教师："那什么样的木板比较适合？"

海林："我们可以去材料区找，然后比一比，就知道可不可以。"

说完，幼儿便开始在材料区寻找适合的木板。找了一会儿，幼儿发现木板不是太大了，就是太小了。

教师："没有合适的木板怎么办呢？"

柏健："老师，我想到一个办法，可以用雪糕棒粘一块木板，雪糕棒连起来就大了。"

教师："那用什么工具粘贴，怎么粘贴呢？"

柏健："用胶枪把雪糕棒一个一个粘贴起来。"

教师："你可以去试一试这个办法。"

教师："木板太大，用什么办法可以使它的尺寸刚刚好呢？"

睿睿："可以用锯子锯断。"

教师："锯哪个位置合适呢？"

睿睿："比一比，拿尺子量一量。"

教师："你可以去试一试这个办法。"

于是幼儿开始运用两种不同的办法尝试。

**提问启发**：面对木板尺寸不合适的问题，教师没有否定幼儿提出的方法，而是请幼儿试一试，并再次通过提问引导其他幼儿思考用什么办法可以让木板尺寸刚刚好，帮助幼儿从另外一个角度思考问题的解决方式。

### 情境四　锯不断薄木板，怎么办？

翊翊找来薄木板，与车厢的尺寸比了比，用笔画出适合的尺寸后，便开始用锯子来锯。他锯了好一会儿，发现很难锯断。

翊翊："老师，这个木板锯不了，但是睿睿却可以锯断。"

教师："你觉得是什么原因造成的呢？"

翊翊："不知道。"

教师："你看看这次的木板跟睿睿的有什么不一样？"

翊翊："这次的很薄，睿睿的木条比较厚。"

教师："你观察得很准确，这个锯子适合锯厚一点的木板，木条、薄的木板不太容易锯断。"

睿睿："那什么工具可以锯这个薄木板呢？"

教师："我们需要另一种工具——锯床，它适合锯薄木板。"

睿睿："我想要锯床。"

> **提问启发：** 幼儿不明白为什么自己锯不断木板而其他小朋友可以，教师引导幼儿观察两块木板有什么不一样，启发幼儿在木板上寻找原因。

> **材料支持：** 教师在适当的情境下通过引入新工具支持幼儿，引发幼儿对新工具的探索愿望。

**情境五　雪糕棒制作的木板**

柏健按着自己的想法，用胶枪把雪糕棒并排粘起来。当他拿过去放进车厢时，发现放不进去，原来木片又长了。柏健不知如何是好。

教师："柏健，发生什么事情了？"

柏健："老师，雪糕棒太大了，我弄不进去。"

教师看了看他的雪糕棒，正欲说话，柏健突然有了新的发现。

柏健："要小一点才能放进。"

教师："是的，现在的太大了，要怎么调整才能让它刚刚好？"

柏健："那就要用锯子锯了。"

这时在一旁的睿睿立马说："锯子是用来锯厚木板的，你的薄木板是锯不了的。"

柏健："那怎么办？"

睿睿："要用另一种工具才可以。"

在大家的强烈建议下，我们找来新的朋友——锯床。在教师的引导下，幼儿对锯床有了初步认识，学习了操作锯床的方法以及注意事项。大家都跃跃欲试。

只见睿睿戴上了眼罩和手套，把之前量好尺寸的木板拿过来，沿着锯齿的方向上下移动，不一会儿就把木板切割成两份。

　　睿睿高兴地叫道："使用锯床的感觉太棒了！"

　　他们把切割好的木板放到车厢中，发现还是有些大，于是再次进行切割。这一次翊翊切割，睿睿在一旁指导。很快，他们就完成了任务，把木板成功放入车厢底部，盖住了螺丝钉。

　　当他们操作结束后，柏健也开始使用锯床。刚开始，柏健还有些害怕，小手紧紧地拿着木板不敢松手。最后，在翊翊和睿睿的帮助下，他终于切割成功，并把雪糕棒木板放入车厢底部，盖住螺丝钉。

　　教师："你们用两种不同的方法解决了车厢底部螺丝钉冒出来的问题，真是太棒了！接下来，你们还想对车厢进行哪些完善呢？"

柏健："我想制作椅子，这样乘客就有地方坐。"

畅畅："我帮你制作椅子。"

柏健（指了指之前制作的作品）："我想制作跟电影院里椅子一样的椅子。"

但他们寻找了一番，都没有找到相同的方块。

柏健："老师，没有这样的材料。"

提问启发：在材料不足的情况下，教师引导幼儿寻找类似的材料来替代。

教师："你们想想，可以用什么材料来代替方块？"

柏健："那可以用这些薄木片吗?"（柏健指了指锯床旁边切割下来的薄木片）

畅畅："应该可以的。"

畅畅："柏健，我帮你锯。"

于是畅畅对剩余的废旧材料再次进行切割，柏健用胶枪把切割好的薄木片粘贴成椅子。

教师："哇，椅子都已经做好了，可总觉得少了点什么。"

柏健想了想说："还少了乘客。"说完他立刻用圆木片制作了许多人偶，并把它们放在座位上。

最后他们把之前制作的兔子作品，粘贴在第一节车厢上当火车头。他们说有了这个兔子火车，就可以出发去旅游了。

看着兔子火车，教师说："我也想搭兔子火车去旅游。"

畅畅："快点上车吧。"

"可是好晒呀，没有遮挡的，我最怕晒黑了。"教师对畅畅说。

芷盈："是呀，好热。"

畅畅："那在上面搭建一个棚就不会晒了。"

芷盈："我们一起去找材料。"

不一会儿，芷盈和畅畅找来了4根5厘米×10厘米的长方形藤木。他们一致认为这个材料可以用来遮挡阳光，但是又不会完全挡住太阳，不然车厢就会很暗。

芷盈制作了一个三角形的遮棚，畅畅在另一节车厢中采用了不同的做法。他找来4根一样长的木棍，粘贴在车厢的四角，然后把格子藤木粘

> **情境引导**：兔子火车做好后，教师将自己代入角色，表示非常想乘坐火车去旅游，一方面表示对幼儿行为的肯定，另一方面又抛出问题，启发幼儿思考，从而推进游戏。

上，很快，能遮阳的兔子火车完成了，大家可以搭乘火车去旅游了。

# 三、教师反思

## （一）教师支持是幼儿深度学习的重要支撑

在自主游戏中，幼儿往往会因遇到难以自行解决的问题而无法持续投入游戏，因而教师在恰当的时机予以支持对促进幼儿深度学习非常重要。教师支持是自主游戏顺利开展的重要影响因素，也是幼儿深度学习的重要支撑。教师的支持性行为主要表现在教师有目的地根据幼儿的学习兴趣和需要对活动做出调整，通过观察解读、提问启发、情境引导、同伴支持、榜样示范等策略给予适时适宜的支持。在本案例中，教师通过持续性的观察捕捉幼儿在木工游戏过程中遇到的问题，通过多次提问，如"你看看这次的木板跟睿睿的有什么不一样的？""木板太大，用什么办法可以使它的尺寸刚刚好呢？"等问题来精准、有效地激励和启发幼儿，帮助幼儿聚焦问题核心，推动幼儿深度思考。

### （二）幼儿的深度学习发生在原有知识经验的基础上

深度学习并非空中楼阁，幼儿在游戏过程中通过多感官来探索，对原有知识经验不断进行整合提升，从而建立新经验。在本案例中，幼儿发现使用锯子切割薄木板并不能达到预期效果，但无法发现其中的原因，更难以发现新旧经验之间的联系，此时幼儿的已有认知受到挑战。在通过深入观察后，教师通过示范讲解为幼儿提供支持，在提示幼儿观察两块木板差异的过程中把握教育契机，将新的工具介绍给幼儿并指导幼儿使用新的工具，不断帮助幼儿在原有知识经验基础上建立新经验。

## 四、评析

情境认知理论重视学习者在情境中学习、关注学习者合理的边缘参与，强调实践共同体，学习者通过积极参与社会实践的方式来获得知识、建构意义，最终解决问题。在案例中，幼儿从固定火车的轮子开始，到处理车厢地板上的钉子，再到制作用于遮阳的车顶，内容环环相扣，不断解决一个个真实的问题，不断自主探究，不仅丰富了自身的知识和经验，而且锻炼了优秀的学习品质。此外，我们也看到了教师有效提问、情境创设等支持性策略对幼儿深度学习的促进作用。教师尊重幼儿的主体地位，充分发挥了幼儿的主观能动性，有效促进幼儿作为学习主体与教师、环境的互动，推动幼儿深度学习。

（案例来源：广州市黄埔区香雪幼儿园　龚清苑　黄　晋）

# 游戏案例七　木工游戏：做房子

## 一、游戏背景

在讨论职业时，很多幼儿提出想成为建筑师，于是教师和幼儿一起查阅资料，共同认识"建筑师"这一职业。一段时间后，幼儿萌生体验"建筑师"这一职业的愿望，但是建构什么呢？教师结合幼儿的兴趣和已有经验，了解到幼儿想要设计漂亮的房子，于是关于小小建筑师的活动诞生啦。

## 二、游戏过程

### 情境一　小小建筑师之初体验

房子对幼儿来说并不陌生，但是幼儿对房子缺乏整体的感知，因此我们需要为幼儿补充经验。第一，认识房子，重点引导他们观察房子的外形结构及周围环境，以及室内布置、家具等，从布局上认识房子。第二，学习测量，要做出好的房子、家具离不开测量。先要学习使用测量工具——尺子，了解刻度，知道每一格代表的意义，还要会读取尺子上面的数字并及时记录。第三，幼儿需要自己设计房子，并采用绘画的形式记录下来。在帮助幼儿丰富关于房子的直接经验、学习用尺子测量长度的方法、设计自己未来要住的房子后，小小建筑师们要开始第一次建构房子啦！

教师引导幼儿观察教室里有哪些材料。让幼儿知道各种材料的位置，想一想自己要用哪些材料建房子，用完后会把材料放回原处，同时交代幼儿穿好工作服，拿材料准备开工。

　　乐乐找了几根长木条，很快就建好房子的框架。他要用小木棒做柱子，比画一下说："柱子太小了，撑不住房子，要换更大点的木棒。"不一会儿，乐乐找来宽一点的木棒，自言自语："这个木棒宽点，能撑住，把 4 根柱子粘牢，我还要在周围围上栏杆。"

　　乐乐还想要设计绿色的草坪，她找来了一块草皮说："老师，这草皮太宽了，我要剪下可以吗？"

　　"可以，你要小心，量好长度再剪。"教师提醒乐乐。

　　"到这里，剪掉两行就可以。"乐乐指了指。

　　制作好草皮后，乐乐又想给房子装上窗户。丁丁说："难道真的要把砖头和玻璃装上去吗？"乐乐说："我们想想怎样装上去，但玻璃和砖太重了，怎么办呢？"教师提示乐乐："想想其他的材料，我们可以用其他材料代替玻璃和砖吗？"乐乐与丁丁似乎明白了，一起去寻找制作窗户的材料。

**经验联系**：一句简短的"量好长度再剪"，既是告诉幼儿要先测量后裁剪，也在其中渗透了量一量的数学知识，丰富了幼儿的经验。

**启发提问**：教师通过提问而不是直接告诉幼儿答案的方式，启发幼儿积极主动思考、协商合作，寻求解决问题的办法。

## 情境二　绘制房子平面图

幼儿对各种房子的外形结构有了初步的认知，但初次建构房子后，不是很满意，希望把房子建构得更加精致。教师引导幼儿观看房子模型，并结合上次的搭建进程展开讨论。

"今天我们再认真观察上一次建的房子，看看有哪些好的方面可以继续，还有哪些地方需要改进。"

"大家建的房子有几层？房子的柱子和墙壁是怎样建的呢？"教师问。

丽丽自豪地说："我建的房子有三层。"

丁丁说："我先把柱子盖好，再设计里面的床、家具等。"

熙熙说："还要设计沙发、电灯、楼梯、衣柜和爸爸妈妈睡的房间。"

乐乐说："要找几根一样长的木棒建好房子的框架，做好家具再把墙壁围上，还要做一些大大的门和窗。"

教师对大家说："我们还得想想需要用到什么材料和工具。"

幼儿开始安静设计房子平面图。熙熙很快就画了房子的外框、楼梯等，开始添画家具。教师走到熙熙身边看了一会儿，说："熙熙的房子画得好漂亮，你能给我讲解下你都画了什么吗？"熙熙说："一楼是个大客厅，从楼梯上二楼，我们都住在二楼，这是我的房间，这是我的小床。这间是爸爸妈妈的，这是冲凉房、厨房，妈妈在这里做蛋糕。三楼是客房。"

**经验联系**：引导幼儿观看房子模型，丰富幼儿对房子的直接经验，从而帮助幼儿进行房子平面图的设计。

**启发提问**：通过提问，引导幼儿关注房子的层数、房屋柱子和墙面等基本结构，帮助幼儿总结提升。

**激励评价**：教师肯定幼儿的房屋平面设计图，同时询问设计的想法。教师的关注和肯定有利于激发幼儿的主动性。

**情境三　搭建房子雏形**

设计好房子的平面图后，幼儿开始寻找各种各样的材料进行搭建。

熙熙找了一块长板和许多小方板，兴奋地对教师说："老师，我要做的房子，有好多个房间，客厅是大大的，还有厕所、厨房，客厅要有一套大沙发，还有饭桌、电灯、电冰箱、电视机，卧室里有床、衣柜、小书桌。"

教师听完后，看了看那块木板，然后笑着说："你想怎样设计客厅、卧室、厕所的位置，门开在哪里？"

熙熙说："我知道了，这块板太薄了，钉子钉不了，我可以用热熔枪粘吗？"教师点头示意。

熙熙开始小心地粘房子的墙面，她先把小方形板粘在大板中间，留出门口的位置。教师走到熙熙身边，熙熙说："这是客厅，是最大的。旁边的是厨房和厕所。这是个门，可以进两边。"教师发现熙熙在粘之前会用木板先对比一下看看长度和高度是否匹配。

> **隐性指导、启发提问：** 教师结合隐性指导和启发提问两个策略，启发幼儿思考木板的大小是否合适。

房子有了雏形，在准备进行下一步建构前，熙熙发现房子摇摇晃晃的。

"老师，我的房子也不稳。"

教师看看大家建的房子，又看了看旁边的长木棒，说："能不能用一些木条做地基，让房子更牢固？"

熙熙找来一根长木棒，比对木棒是不是一样长。

淇安说："我去找钉子，我们用钉子先把房子的外框做好。"

楚儿拿着锤子走过来："我们3个合作，一起来建房子，你们扶着，我来钉。"她们钉了很久，发现钉子钉不进去。

楚儿说："我拿电钻，把钉子打进去。"她们又忙了半天，钉子还是没钉上。

楚儿说："钉子摇来摇去打不进，要用锤子打个洞，才能用电钻把钉子打进去。"

"淇安，木棒太硬了，我们都打不进钉子，要不换个钻头再试试。"淇安换了电钻头后，不一会就钉好啦！

### 情境四　搭建精美别墅

在前面搭建的基础上，幼儿对房子有了更多的了解，他们决定合作建构小别墅。熙熙、乐乐、轩轩围在一起讨论接下来要先做什么，怎样分工。然后，熙熙先找了一块小正方形板，说："我们先做大门。这块板大了，要进行切割。轩轩你去切门板，乐乐去找需要用到的材料和工具，我先确定门板安装的位置，做好标记。"

轩轩拿着电钻，准备把钉子打进去。熙熙说："我来帮你按着板，你双手拿电钻，才会打得准。"他们打好门板的洞后，乐乐找来了螺丝钉，很快就把门板装好了。乐乐拿着小方板一摆，说："我要在这里搭个厕所，这里放个马桶，这边是洗澡的地方，两边要分开。"

熙熙说："要做桌子和椅子。"乐乐找了两块小正方形板连接在一起。教师好奇地问："你把两块板连接在一起要做什么？"

乐乐说："准备放在大门上面，这样能挡雨。"

熙熙找了锤子、钉子、小圆木头，还有一块小正方形板。她开始把小圆木头分别钉在小正方形板的 4 个角上，钉好了发现不够高，又再找来 4 个小圆木头分别钉在小正方形板的 4 个角上加高。圆木头摇摆不定，熙熙干脆把板翻过来钉。

教师问："熙熙要帮忙吗？你在做什么呢？"熙熙说："我要做一张大饭桌，可以很多人一起吃饭。"

乐乐在设计围墙和房间的布局，遇到有小空间就立刻说："上次我们切割门板剩下的小板刚好可以用在这里。"

乐乐很快就把围墙建好了，他很满意地对教师说："老师，我要把这个房间分开两格做厕所，一格是女厕，一格是男厕。"乐乐找来锤子、钉子、小正方正木头和椭圆形的小板后，就和熙熙一起用力锤。

乐乐和熙熙把钉好的桌子、椅子放到房间里，乐乐说："要把桌子和椅子粘稳，这样才不会动。"接着，乐乐拿起椅子说："这个也可以做马桶，我要把它粘在厕所里，还要在这里做个标志，让人一看就知道是男生还是女生的厕所。"于是乐乐就拿了油性笔在板上画了男孩子、女孩子的头像。

幼儿合作把房子框架建好后，发现房子显得空旷，感觉少了些什么，可又不知道做什么。

教师问："小朋友们，你们家里有些什么呢？"

幼儿纷纷说道："有大床，还有沙发。"于是他们开始为房子添置家具。

熙熙和乐乐继续商讨今天制作的内容。乐乐说："我们要做张双人床，这样宝宝就可以睡觉了，累了也可以在床上休息。"她们分好工，各自找材料制作小床。

"想想，还有什么工具呢？"教师问。

"我知道了，不能用钉子钉，能用热熔枪粘。"熙熙小心地粘小床，终于粘稳了。接着，乐乐开始用珠片做花，并把珠花粘在小床的侧面。说："这是公主床。"

### 情境五　"我想要房子长高一点"

房子建好了，房子里面的家具也做好了，教师引导幼儿观察自己的成果："小朋友们看看，我们建的房子和在外面看到的有什么不一样呢？"

熙熙："老师，我觉得我们住的房子高，这个房子有点矮。"

乐乐："我要再建一层，房子太矮了。"

大家又开始各自找材料。

熙熙很快就找了一块长方形板，拿热熔胶粘好，这样二层楼盖好了，楼梯刚好够到二楼。熙熙说："太好了，楼梯正好可以上到二楼。"

"老师，我找到我们上次做的亭子，好漂亮。我们可以在亭子里面放一张桌子和几把小椅子，桌上还可以放一些糕点。我去做桌子和椅子，我还要在这根柱子上贴一只大蝴蝶。"乐乐边说边演示。

房子建好了，也建高了，里面的家具也做好了。房子进入装饰阶段。

**材料支持：** 当幼儿遇到问题或困难的时候，教师借助材料对幼儿进行指导，引导幼儿游戏。与直接告知幼儿应该怎么做相比，借助材料对幼儿进行指导，帮助幼儿获得直接经验，更利于幼儿主体性的发挥。

熙熙说："凉亭上面要建一个房顶，可以挡太阳，下雨时也可以在凉亭下玩。"熙熙拿来木棍、锤子和钉子，将木棍一条连一条用钉子钉成一排。

乐乐说："我要在游泳池边上建围墙，可以让外面的人看到游泳池，但不能进来游泳。"乐乐找了许多小正方形木块做围墙，突然，她拿着小正方形的木块过来找教师："老师，没有这种木头，我都找了几遍了，哪里还有这种木头？"教师一看，说："我记得木工坊应该有，我们一起去找一找吧。"

熙熙很快就做好了屋顶，然后拿起屋顶轻轻放到凉亭上面。乐乐的围墙也建好了。她们开始布置灯饰，把小灯一圈一圈绕在房子四周。

乐乐说:"灯好了,我们可以亮灯了。"熙熙和乐乐两人同时用手按开关,高兴地叫起来:"我们的房子亮灯啦!"她们两个开心地围着房子转圈。熙熙突然说:"娃娃睡着了,他要盖被子,不然会着凉的。"熙熙很快就找了一张卡纸,再拿了一把剪刀,剪出一个小长方形盖在小娃娃身上,还很细心地把纸的两边分别折了下,帮小娃娃盖好被子。

## 三、教师反思

### (一)深度学习来源于幼儿的生活和兴趣

创设丰富、有意义的情境是自主游戏中幼儿深度学习的重要前提。在本主题活动中,教师基于幼儿的生活和兴趣开展自主游戏"做房子",通过复杂问题的情境为幼儿提供更多自主探究、思考和创造的空间。幼儿通过不断观察、探索与操作,对房子的外形结构、楼层高低、房间布局、外围装饰等有了更深刻的认识,并将这些认识融入自主游戏中。

在本案例中,教师指导充分激发了幼儿对房子的兴趣,引导幼儿从观察自己身边的房子入手,如参观欣赏幼儿园及其周边社区的、具有代表性的房屋建筑，然后以"我家的房子"为主题进行调查。在这个过程中，幼儿逐渐了解房子的用途，感受不同造型房子的结构，一步步增强对房子的兴趣。此外，针对幼儿带回来的资料，教师着重培养了幼儿分析资料的能力，丰富他们的直观经验，让他们尝试展示和介绍资料，而不只是将资料带来交给教师。通过培养幼儿对资料的整理与分析能力，更好地促进幼儿结合生活经验进行房子的建构，有利于促进幼儿兴趣的持续和深入。

### （二）运用多种表征方式，促进幼儿思维发展

在自主游戏中，多种表征方式的运用有利于幼儿充分发挥自主性，提升创造性。在本案例中，教师巧妙地借助多种表征来提高幼儿的游戏能力，引导幼儿运用言语、图画、木工作品等多种方式进行表征，如与同伴讨论房子内家具的设计，在画纸上绘制具体的设计图，小组合作制作立体的房子等，促进幼儿的多元表征能力发展，推动幼儿深度学习。

### （三）有效提问是促进幼儿深度学习的重要支撑

幼儿的深度学习是一个循序渐进的过程，以有效提问—回应为支架的师幼互动是促进幼儿思维发展和提高问题解决能力的有力支撑。在案例中，教师通过开放式和启发式的问题引导幼儿主动思考、协商合作、迁移经验，寻求解决问题的办法。如在初次建构木房子后，教师引导幼儿再次认真观察上一次建的房子，总结经验，吸取教训。之后，运用有针对性的提问，引导幼儿将关注点聚焦在房子的层数、房屋柱子和墙面等基本结构上，帮助幼儿提升经验。在幼儿通过合作构建好房子的框架后，教师适时介入，通过有效提问来促进幼儿游戏扩展与提升，为幼儿的深度学习提供重要支撑。

## 四、评析

　　教师是幼儿学习活动的合作者、支持者和引导者，自主游戏中幼儿的深度学习离不开教师的有效介入和指导。在本案例中，教师通过深入细致的观察，在解读幼儿行为的基础上，把握游戏的指导时机，以启发式、开放式的问题引导幼儿深度思考，解决问题的灵感在一瞬间迸发。幼儿在教师的引领下展现了令人惊叹的自主性和创造性，获得身体、认知、情感等多方面的发展。

（案例来源：广州市黄埔区香雪幼儿园

黄桂月　黄　晋　张路旋）

# 主要参考文献

## 一、中文类

1. 朱智贤．心理学大词典［M］．北京：北京师范大学出版社，1989.

2. 刘月霞，郭华．深度学习：走向核心素养：理论普及读本［M］．北京：教育科学出版社，2018.

3. 叶平枝，等．幼儿深度学习课程设计与实施［M］．北京：教育科学出版社，2022.

4. 王小英．幼儿深度学习的理论与实践探索研究·理论篇［M］．北京：清华大学出版社，2021.

5. 秦旭芳，孙晶晶．教师支持幼儿深度学习的路径与特征研究：以沈阳市S幼儿园主题活动为例［J］．教育与教学研究，2020（7）：41-52.

6. 王甦，汪安圣．认知心理学［M］．北京：北京大学出版社，1992.

7. 王海英．智慧的跷跷板：幼儿元认知研究［M］．南京：江苏教育出版社，2005.

8. 桑顿．儿童怎样解决问题［M］．李维，吕建国，译．成都：四川教育出版社，2008.

9. 戴斯，纳格利尔里，柯尔比．认知过程的评估：智力的PASS理论［M］．杨艳云，谭和平，译．上海：华东师范大学出版社，1999.

10. 郭华．深度学习及其意义［J］．课程·教材·教法，2016（11）：25-32.

11. 罗祖兵．深度教学："核心素养"时代教学变革的方向［J］．课程·教材·教法，2017（4）：20-26.

12. 张立国，谢佳睿，王国华．基于问题解决的深度学习模型［J］．中国远程教育，2017（8）：27-33，79.

13. 吴永军．关于深度学习的再认识［J］．课程・教材・教法，2019（2）：51-58，36.

14. 冯嘉慧．深度学习的内涵与策略：访俄亥俄州立大学包雷教授［J］．全球教育展望，2017（9）：3-12.

15. 李飞．厘清关系：幼儿学习评价问题的再思考［J］．教师教育论坛，2018（8）：56-59.

16. 高宏钰，霍力岩．幼儿园教师观察能力的理论意蕴与提升路径：基于"观察渗透理论"的思考［J］．学前教育研究，2021（5）：75-84.

17. 李季湄，夏如波．《幼儿园教师专业标准》的基本理念［J］．学前教育研究，2012（8）：3-6.

18. 王有升．论教育学中的"兴趣"概念：内涵与理论建构［J］．全球教育展望，2007（7）：27-31.

19. 陈哲，王瑞明，莫雷．儿童问题解决中的类比迁移［J］．心理科学进展，2008（1）：65-70.

20. 周欣．表现性评价及其在学前教育中的应用［J］．学前教育研究，2009（12）：28-33.

21. 孙宏志，解月光，张于．核心素养指向下高阶思维发展的表现性评价设计［J］．电化教育研究，2021（9）：91-98.

22. 李风华．档案袋评价：关注学生的发展［J］．现代中小学教育，2003（3）54-56.

23. 陈琦，张建伟．建构主义学习观要义评析［J］．华东师范大学学报（教育科学版），1998（1）：61-68.

24. 周国梅，傅小兰．分布式认知：一种新的认知观点 ［J］．心理科学进展，2002（2）：147-153.

25. 李昕然．3—6 岁幼儿情绪管理能力发展现状及家庭影响因素研究 ［D］．福州：福建师范大学，2018.

26. 刘晓静．幼儿同伴冲突行为研究 ［D］．南京：南京师范大学，2002.

## 二、外文类

1. MARTON，SÄLJÖ. On qualitative differences in learning ［J］. British Journal of Educational Psychology，1976，46（1）：4-11.

2. BROWN，COLLINS，DUGUID. Situated cognition and the culture of learning ［J］. Educational Researcher，1989，18（1）：32-42.

3. FLAVELL. Metacognition and cognitive monitoring：a new area of cognitive-developmental inquiry ［J］. American Psychologist，1979，34（10）：906-911.

4. MANION，ALEXANDER. The benefits of peer collaboration on strategy use，metacognitive causal attribution，and recall ［J］. Journal of Experimental Child Psychology，1997，67（2）：268-269.

# 后　记

　　深度学习已逐渐成为教育研究热点。幼儿能产生深度学习吗？自主游戏中也有深度学习吗？普通教师是否也能促进幼儿深度学习？对幼儿深度学习又如何进行有效评价呢？

　　幼儿以游戏为基本活动，而自主游戏是幼儿根据自己的需要和兴趣，自由选择、积极主动开展的游戏形式。其中，户外建构游戏作为一种特色自主游戏，融合了五大领域的发展要求，不仅倡导幼儿在游戏中对游戏内容、材料、形式、伙伴的自由选择，还提供了复杂的问题情境和有准备的游戏环境，有利于激发幼儿主动参与游戏的意愿，帮助幼儿利用新旧知识经验间的联系解决游戏中的难题，提升幼儿主动思考和解决问题的能力，从而促进幼儿深度学习。

　　很多自主游戏活动往往忽略教师的支持作用，曲解"自主"的含义，常常导致"随意玩"的热闹过后，幼儿能力水平依然停留在原地。在实践研究中，我们发现，教师支持下的自主游戏，特别是深度学习，展现了全新的样貌。实践探索不断地证明，深度学习对幼儿认知、动作技能、情感、社会性发展等诸多方面都具有重要的促进作用，幼儿的自主游戏对幼儿的发展影响深远。

　　那么，幼儿教师应怎样指导幼儿成为一个具有深度学习特质的孩子？我们认为，教师首先自己要成为深度学习者，此外更应具有扎实的理论基础。成长性思维是作为教师必不可少的特质之一，只有具备这样的素质才能培养出具有深度学习特质的幼儿。

本书首先系统地阐述了自主游戏中幼儿深度学习的概念，随后从影响因素、情绪情感、思维深度、迁移能力和表现性评价等多个角度来分析自主游戏中幼儿深度学习遇到的问题并给出对策。本书还提供了翔实的案例，既呈现前述理论部分的实践成果，也欲通过实践经验给予读者们一些启发，获得对幼儿深度学习更清晰的认识和操作借鉴路径。

特别感谢广州大学教育学院博士生导师叶平枝教授的充分信任，在她的激励下，经过多次深度教研，我们完成了本书的撰写。在写作的过程中我们也得到深圳大学费广洪教授的细心指导。各章节作者分别如下。第一章：王秋、王欣欣；第二章：逯丽丽、张路旋；第三章：黄晋、蔡星玥、罗丽红、黄菲；第四章：黄菲、王秋；第五章：徐银、黄晋、逯丽丽、蔡星玥、欧阳雪滢。全书由黄菲、王秋、逯丽丽和黄晋等统稿。书中的案例是香雪幼儿园近5年来优秀自主游戏实践成果，是一线教师智慧的结晶。这一成果也得到广东省王秋名教师工作室和广州市黄菲名教师工作室的大力支持，学员朱瑞玲、朱中淑、廖萍、刘元红、邱琼晖等踊跃加入本书的修改过程中，广东省佛山市南海区西樵镇教育发展中心、江苏省连云港市机关实验幼儿园、江西省于都县贡江镇乐之都幼儿园、广东省佛山市禅城区加优幼儿园等给予了实践验证，在此一并表示感谢。

我们一直在践行深度学习理念。"从游戏走进学习——幼儿园大型户外建构游戏的实践研究"和"幼儿园高质量大型户外建构游戏的实践探索"分别获得了2019年广东省教育教学成果一等奖、2022年国家级教学成果奖二等奖。

正值"十四五"计划开局之际，教育部等九部门印发的《"十四五"学前教育发展提升行动计划》中明确提出："深化学前教育专业改革，完善培养方案，强化学前儿童发展和教育专业基础，注重培养学生观察了解儿童、支持儿童发展的实践能力。"我们希望能从幼儿深度学习的角度，帮助幼儿园和教师支持幼儿获得适应未来社会所需的核心素养，让一个孩子的学习变成一群孩子在学习。我们希望给予更多学前教育从业者理论上的借鉴，为学前教育的专业化做出努力！

黄 菲 王 秋

广州市黄埔区香雪幼儿园

出　版　人　郑豪杰
策划编辑　赵建明
责任编辑　王春华
版式设计　郝晓红
责任校对　贾静芳
责任印制　李孟晓


## 图书在版编目（CIP）数据

自主游戏中幼儿的深度学习／黄菲，王秋著.
北京：教育科学出版社，2024.9（2025.1重印）.
（幼儿深度学习：面向未来的学前教育丛书）.
ISBN 978-7-5191-3951-3

Ⅰ．G612

中国国家版本馆 CIP 数据核字第 2024YZ4397 号


幼儿深度学习——面向未来的学前教育丛书
**自主游戏中幼儿的深度学习**
ZIZHU YOUXI ZHONG YOU'ER DE SHENDU XUEXI

| | | | | |
|---|---|---|---|---|
| 出 版 发 行 | 教育科学出版社 | | | |
| 社　　　址 | 北京·朝阳区安慧北里安园甲 9 号 | 邮　　编 | 100101 | |
| 总编室电话 | 010-64981290 | 编辑部电话 | 010-64989395 | |
| 出版部电话 | 010-64989487 | 市场部电话 | 010-64989572 | |
| 传　　真 | 010-64989419 | 网　　址 | http://www.esph.com.cn | |
| 经　　销 | 各地新华书店 | | | |
| 制　　作 | 北京金奥都图文制作中心 | | | |
| 印　　刷 | 河北鑫彩博图印刷有限公司 | | | |
| 开　　本 | 720 毫米×1020 毫米　1/16 | 版　　次 | 2024 年 9 月第 1 版 | |
| 印　　张 | 16.5 | 印　　次 | 2025 年 1 月第 3 次印刷 | |
| 字　　数 | 223 千 | 定　　价 | 52.00 元 | |